コーヒーと楽しむ 心が「ホッと」温まる50の物語

西沢泰生

PHP文庫

○本表紙図柄＝ロゼッタ・ストーン（大英博物館蔵）
○本表紙デザイン＋紋章＝上田晃郷

いらっしゃい。
お疲れ気味ですか？
ちょっと、
コーヒーブレイク
しませんか？
この本をお供に……。

はじめに

お疲れ気味のあなたへ、「ホッと」するコーヒーブレイク

壁一面の棚に並ぶコーヒーカップ。

大きいもの、小さいもの。
背が高いもの。低いもの。
カラフルなもの。
シンプルな白一色のもの……。

お客は、そんな、さまざまなコーヒーカップの中から、その日の気分に合わせて好きなものを選ぶ。
すると、そのカップでコーヒーが運ばれてくる。

私がまだ学生だったころ、そんな、小粋《こいき》な喫茶店に入ったことがあります。

ただ、当時、貧乏学生だった私は、「その日の気分」というより、少しでもコーヒーがたくさん入りそうなカップを選んだような記憶が……。

さて。

この本には、「ほっ」とひと息つきたい「コーヒーブレイク」に、さらりと読める話を集めました。

1つのお話の長さは4～5ページ。

まさに、「コーヒーが冷めぬうち」に読み切れる長さです。

メニューは次の通り。

●カフェオレと楽しむ　「心が和らぐ優しい話」

●ブレンドコーヒーと楽しむ　「ホッとする話　笑える話」

●ブラックコーヒーと楽しむ「目が覚める、少しほろ苦い話」
●エスプレッソと楽しむ「深い話」

ぜひ、そのときの気分でお好きなコーヒーカップを選ぶように、お好きなメニューから、お好きなタイトルの話を、お好きな順でご賞味ください。

この本が、あなたの「ホッと」タイムを、より素晴らしい時間にするお手伝いができれば幸いです。

西沢泰生

コーヒーと楽しむ　心が「ホッと」温まる50の物語

目次

「心が和らぐ優しい話」

「ホッとする話 笑える話」

「目が覚める、少しほろ苦い話」

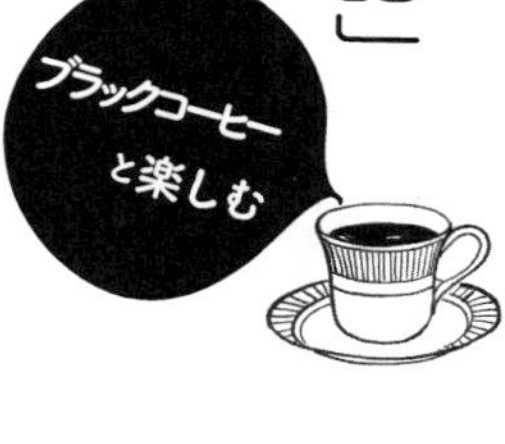

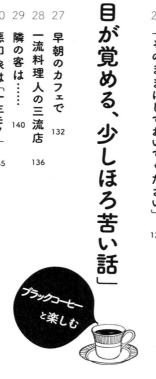

「深い話」

イラスト――小野塚綾子

「心が和らぐ優しい話」

カフェオレと楽しむ

01 「ボーッとする」のススメ

コーヒーブレイクのひととき。

あなたはどんな過ごし方をしていますか？

スマホとにらめっこですか？

あるいは、本を読んでいますか？

そんな過ごし方もよいけれど、少しだけ画面や紙面から目を外して、何もしないでボーッとしてみてください。

えっ？

「時間がもったいない」ですって？

いえいえ。

ところがドッコイ、**実は、その何もしない時間が、とても有意義な時間**かもしれないというお話です。

「ボーッとするな！」

ひと昔前の厳しい職場では、仕事中に手が止まっている人がいると、上司からそんな声が飛んだもの。

でも、実は、この「**ボーッとした状態のほうが、いいアイデアが浮かぶ**」という研究結果があるのです。

ワシントン大学の研究によると、人間は、「何か行動を起こしているとき」と「ボーッとしているとき」では、「**ボーッとしているとき」のほうが、記憶や判断力をつかさどる脳の部位が活発に働いている**ことがわかったそうです。

つまり、**ボーッとして、何も考えていないとき、実は、脳は意外と活発に働いて**

いるようなのです。

なぜ、そうなのかというと、脳の血液が脳内のどこに分担されるかが関係するそうです。

人が何かしているとき。

たとえば、文章を書いたり本を読んだりしているときは、その行動をするための脳の部位に血が運ばれます。

つまり、**脳内の血液がその部位に偏《かたよ》ってしまう**のですね。

一方、逆に何もしないで、**ボーッとしているときは、脳のすべての部位に血液が行き届く。**

そのため、脳全体が元気になり、普段は浮かばないようなアイデアが浮かんだりするのだとか。

何しろ、脳は、身体全体のエネルギーのうち、2割を消費しているそうです。

ボーッとすることで、その大量のエネルギーをより効率的に使うことができるのですね。

世界の名だたる経営者、たとえばスティーブ・ジョブズなどが、瞑想《めいそう》を好きな理由がわかったような気がします。

そういう経営者たちは、瞑想によって、新たなアイデアがひらめきやすくなることを、経験上、知っているのかもしれません。

問題解決のいいアイデアが出ないというあなた。

ヘタにその問題についてウンウンと考えるよりも、何も考えずにボーッとして無心の境地に達するほうが、いい解決策が浮かぶかもしれませんぞ！

さあ、**コーヒーブレイクのひととき、何もしないでボーッとしましょう！**

ちなみに、「ボーッとする」とは、居眠りすることではありませんので、お間違えのないように。


（参考『科学的に元気になる方法集めました』堀田秀吾著　文響社）

特別なお客さま

02

カフェに入ったとき、カウンターの店員さんがニコニコと対応してくれると、それだけでこっちまで気分が明るくなります。

特に、私はカフェで原稿を書くことが多く、コーヒー1杯で何時間も粘ることがあり、そんな大迷惑なお客にもかかわらず、水を変えてくれるときなどに笑顔で対応してくれると、とても有り難い。

逆に、コーヒー1杯で執筆中。カウンターの店員さんが、店内中に響く声で「ただいま、店内は混み合っております、先にお席をご確認くださーい！」などとどなっていると、「おらおら、コーヒー1杯の客はとっとと帰るんだよ」と言われているような気がして、居たたまれなくなり、出てしまうこともあります。

そう叫ぶ店は決まっていて、たぶん、マニュアルにそうするように書かれているのでしょうね。

さて。

これは、かつて「経営の神様」と呼ばれた松下幸之助さんが、ある先輩から聞き、「何十年も、ずっと心に残っている」と語っていた話です。

ある老舗《しにせ》の和菓子屋さん。

そのお店に、ある日、1人の物乞いがまんじゅうを買いに来ました。

お店の小僧さんは、1個のまんじゅうを包んだものの、慣れない相手に少し気おくれしてしまい、手渡しするのを躊躇《ちゅうちょ》します。

その姿を見た店の主人が声をかけたのです。

「ちょいとお待ち、それは私がお渡ししよう」

そう言うと、主人は自ら物乞いにまんじゅうを渡しました。

そして、代金を受け取ると、「まことにありがとうございます」と、いつにも増して深々と頭を下げたのだそうです。

物乞いが帰った後、小僧さんはご主人に聞きます。

「ご主人は今まで、どんなにご贔屓《ひいき》のお客さまにもご自分で品物をお渡しになったことがありませんでした。それなのに、今日はどうしてご主人がご自身でお渡しになったのですか？」

すると、主人は次のような内容のことを言ったのです。

「おまえが不思議に思うのも無理はないが、よう覚えておきや。今の人は特別なお客さまなんや。いつもご贔屓にしてくれるお客さまは、みんな、お金持ちばかりや。それに比べて、たぶん**さっきのお客さまは、死ぬまでにいっぺんは、うちのまんじゅうを食べてみたいと考えて、なけなしの全財産をはたいて買《こ》うてくださった。**こんなに有り難いことはない。まさに**商売冥利《みょうり》に尽きるとはこのこと**や。そんな、特別なお客さまに主人の私みずからが礼を尽くすのは、商売人として当然のことやろ」

松下幸之助さんは、この話をよくされては、「このようなことに喜びを感じるのが、商売人の本当の姿ではないか」と語っていたそうです。

いい話です。

本の著者にたとえれば、出版記念のサイン会で、並んでくれたお客さんの1人から、「私は年に1冊しか本を読まないのですが、今年のその1冊が、あなたのこの本だったんです」と言われたようなものでしょうか。

本を書く者として、そんなことを言われたら、著者冥利に尽きるというもの。もう、喜んで、サインでもコサインでもしちゃいます。

たった1個のまんじゅうを買った物乞いへ、老舗のご主人が礼を尽くした話。「満席のときは、大声で『先に席をご確認ください』と叫んで、今いるお客にプレッシャーをかける」というマニュアルを作った、カフェのオーナーに聞かせてやりたいです。

まあ、私は全財産をはたいてコーヒーを飲んでいるわけではありませんが……。

（参考『商売心得帖／経営心得帖』松下幸之助著　PHPビジネス新書）

モンゴルの男の子に教えられたこと

03

あるとき、テレビを見ていたら、モンゴルの遊牧民のシングルマザーと、その子どもである小学生の男の子の生活が放送されていました。

男手のない遊牧民の生活は、家畜の世話などがなかなか大変で、とても忙しい。経済的にも決して豊かではなく、お母さんは、しかたなく幼い1人息子を小学校の寮に預けています。

小学校の寮に入っていれば、少なくとも、子どもの食事は確保されますから安心ですよね。

そんな事情から、草原のモンゴル式の移動式住居（ゲル）で暮らすお母さんと、小学生の男の子が会えるのは数か月に1回程度。

男の子のほうは、まだお母さんに甘えたい年頃です。

寮の自分のベッドの横には、いつも、お母さんと自分が一緒に写った写真を飾り、それを見て寂しさを紛《まぎ》らわせています。

番組では、そんな親子が、数か月ぶりに再会する姿をレポートしていました。

久しぶりの再会を喜ぶ親子。

それだけでも、十分に心が温かくなりましたが、私が特に感動したのは、男の子がふたたび寮へと戻る日に彼が取ったある行動でした。

再会の時期は、これから冬へと向かう季節だったため、お母さんは住居を温かい地方へと移動させなければなりません。

そのため、次に親子が会えるのは半年後なのです。

そんなツラい別れの日の朝。

なんと、この男の子。いつも自分のベッドの横に飾っている、たった1枚しかない「お母さんと一緒の写真」を額に入れ、それをお母さんにプレゼントしたのです。

その姿を見た番組のスタッフが、心配して男の子に尋ねます。

「大切なお母さんとの写真を渡してしまっていいの？」

すると、男の子はニッコリと微笑《ほほえ》んで、スタッフにこう言ったのです。

「いいんだよ、だって、きっとお母さんのほうが寂しいと思うから」

子どもは「3歳までは親と一緒にいる時間を多く取らないといけない」という学説があるそうです。

その、たった1つの説が、家庭の事情によって、しかたなく子どもを保育所に預けて働くお母さんたちの心の負担になっているという話を聞いたことがあります。人の事情を考えない、おせっかいな他人が、訳知り顔でこの説を唱えて「こんなに小さな子を保育所に預けるなんてかわいそう」と、シングルマザーとして頑張るお母さんを責めることもあるのだとか。

たしかに3歳までに「人の愛情」に触れることは、子どもにとって大切だと、私も思います。

でも……。

子どもが「愛情を持った子」に育つかどうかを決めるのは、少なくとも、**親と「一緒にいた時間の長さ」ではない**と思うのです。

事情によってどんなに短い時間しか会えなくても、「愛していること」が子どもにちゃんと伝わっていればよいのではないでしょうか？

保育所で、母親がなかなか迎えに来なくて、「寂しかった」と泣く子には、**「ママも寂しかった」**って伝えてあげる。そして、ぎゅっと抱きしめてあげる。

そんな親子関係に、他人が口を挟むすき間は1ミリもありません。

親子の愛情の深さは、一緒にいる時間の長さでは決まらない。

そんなことを、モンゴルの男の子に教えられたような気がしました。

欽ちゃんの登校拒否

04

登校拒否。

なかなか、やっかいな問題です。

『赤毛のアン』の主人公、赤毛のアンも、一時期、学校へ行くことを拒否していましたね。

学校ではありませんが、実は私も、小学生の低学年のころに「登校拒否」ならぬ「登教室拒否」になったことがあります。

教室というのは、ご近所にあった、お絵かき教室のこと。

「教室」といっても、絵の描き方を教えてくれるわけではなく、おもちゃの人形や恐竜のフィギュアやミニカーなどがテーブルに置いてあって、生徒はそれを見て勝手に絵を描くというシステム。描いた絵をおじさん先生に見せて、花丸をもらうだけという、「超手抜き教室」（笑）でした。

私は、この教室に、週に1回通っていたのですが、ある日、同じ教室に通う上級生（といっても小学3～4年くらいの悪ガキ……ではなく、お子さま）の悪ふざけに合いました。たしか、絵の道具を取られて返してくれないとか、今、思えば他愛もない、子どものおふざけです。

いつもは同じ教室（おじさん先生の自宅のひと部屋）におじさん先生がいるのですが、ほんの少し席を外したときの犯行でした。

私をからかっていた上級生は、部屋におじさん先生が戻ってくると、何ごともなかったように振る舞い、犯行を隠蔽《いんぺい》。

被害者の私は、訴訟《そしょう》を起こすこともなく、投げやりな絵を描くと、悔《くや》しさだけを噛《か》みしめて、帰宅したのです。

そして、家に着くなり、母親に「2度と絵画教室には行かない！」と、理由にはいっさい触れずに宣言しました。

実際、その教室に行くことは2度とありませんでした。

あれがもし、小学校だったら、登校拒否になっていたかもしれません。

こんなにも温厚な私（自分で言うな！）でもそうなのです。

登校拒否の原因は、本人でなくては、なかなかわからないものだと思います。


さて。

欽ちゃんこと萩本欽一《はぎもときんいち》さんが高校生のころ、登校拒否になりかけたときの話です。

何しろ貧乏で、朝も放課後もアルバイト。勉強についていけず、学校での必需品も買えず、すっかり疲れてしまった欽ちゃん。

母親に、ぽろっと「もう学校行くの、嫌になっちゃった」と愚痴《ぐち》りました。

すると、「そういうことはお父さんに相談しなさい」との回答。

高校生の欽ちゃんは、当時、別居していた父親のところへ行って「学校を辞めたい」と言ったのだそうです。

「辞めてどうする？」と父親。

とっさに「映画を観ていたい」と口から出まかせを言う欽ちゃん。すると父親は、**「それなら別に学校を辞めなくてもいいんじゃないか」**と、映画代をくれたのだそうです。

欽ちゃんは、さっそく次の日、学校をサボって、映画を3本ハシゴします。しかし、同じことを3日も続けると、もう観る映画がなくなってしまいました。

4日目は遠くまで行って、観たくもない映画を観ましたが、もうツラいだけ。

「もう観たい映画がなくなっちゃった」と父親に告げる欽ちゃん。

「じゃあ、明日は何したい？」と父親。

「う〜ん、とりあえず明日は学校に行くわ」

こうして、欽ちゃんは登校拒否にならずに済んだのだそうです。

欽ちゃんは「もしあのとき、親父に『学校を辞めるなんて何を考えてるんだ！』などと怒鳴られていたら、僕は絶対に学校を辞めていた」と言っています。

父親とは疎遠だった欽ちゃんですが、高校時代のこの出来事だけで、いまだに父親のことを尊敬しているのだそうです。

お父さん、無理強いしなかったのが神対応。説得するより納得させたのですね。

（参考『ダメなときほど「言葉」を磨こう』萩本欽一著　集英社新書）

05 自宅の焼け跡で始めたこと

昭和を代表する喜劇人の1人、谷啓《たにけい》さん。

かつて、大人気だった「クレージーキャッツ」のメンバーで、「ガチョーン」というギャグで一世《いっせい》を風靡《ふうび》しましたね。

余談ですが、この「クレージーキャッツ」は、正式名を「ハナ肇《はじめ》とクレージーキャッツ」と言い、ハナ肇さんがリーダー。

あの「ザ・ドリフターズ」は事務所の後輩で、ハナさんは、ドリフメンバーの芸名の名付け親でもありました。

私が子どものころ、クラスメイトの誰もが観ていた『8時だョ！全員集合』のつなぎ番組として、クレージーキャッツが出演した、『8時だョ！出発進行』という番組がありましたが、ドリフよりもギャグが少し大人向けで、子どもだった私は「ドリフに比べて面白くない」なんて感じたのを覚えています。

閑話休題《かんわきゅうだい》。

話を谷啓さんに戻します。

喜劇人の小松政夫《こまつまさお》さんの本を読んでいたら、この谷啓さんの粋《いき》なエピソードが紹介されていました。

小松さんによれば、谷さんは、すごくシャイで優しい人。

麻雀が好きで、三鷹の自宅はご近所の人が気軽に集まる麻雀サロンのような状態になっていたそうです。

傑作なのは、その自宅の前に3色の回転灯が設置されていたこと。

この回転灯が赤色のときは谷さんが不在。黄色のときは麻雀のメンバーが足りないとき。そして、緑のときは「遊びに来て」のサイン。

ご近所の人たちは、その色を見て、麻雀をしに行ったというのです。

でも、考えると、「今、留守です」って、周りに知らせてしまっているわけで、かなり不用心ですよね。

この回転灯のせいかどうかはわかりませんが、この谷さんの自宅は、あるとき、不審火で全焼してしまいます。

幸い、谷さんは無事でした。

ただ、ご近所の人たちが心配して、次々に「大丈夫ですか？」って声をかけてくれるのが、シャイな谷さんにとっては、家が焼けたことよりツラかったんですね。

なんとか、「自分は元気だ」ということを知ってもらおうと思った谷さん。

自宅の焼け跡のど真ん中で、なんと……。

麻雀を始めたそうです。

そして、**麻雀をやりながら、横を通る人たちに「元気ですよー」って、いちいち声をかけた**のだとか……。

そのすぐ横では、焼け残った回転灯のランプが、「遊びに来て」をあらわす緑色に光って回っていたといいます。

いや〜。ホントに愛すべきキャラクターだったのですね。


友だちに何か災難があったとき。

元気づける言葉をかけるのは、もちろん優しさです。

でも、相手のキャラクターによっては、**ヘタに言葉で励ますより、「何ごともなかったかのように」普段どおりに接してあげる**のもまた優しさです。


それにしても、焼け跡で麻雀。

いいですね。

こういう人にワタシもなりたい。


（参考『時代とフザケた男』小松政夫著　扶桑社）

笑顔で三振

06

私はそれほど熱心に観るほうではありませんが、高校野球が大好きな人、いますよね。私の友だちにも、「どこどこの高校は、何年の第何回センバツ大会で、ベスト8まで進んだけど、エースの○○君が8回に3点取られて5対3で逆転負けした……」なんて、甲子園の歴史がスラスラと出てくる人が何人かいます。

これからお話をするのは、そんな、「高校野球大好き」な人が聞いたら、もしかしたら怒ってしまうようなお話かもしれませんが……お許しを。

その日、私は、自宅のテレビで、観るとはなしに高校野球の中継を観ていました。

その日とは2017年の夏のある日。観ていたのは、神村《かみむら》学園（鹿児島県）と明《めい》豊《ほう》高校（大分県）という九州勢同士の1戦です。

試合は、9回まで3点差で負けていた神村学園が最終回に3点を取って同点に追いつき、延長戦へ突入。

これだけでも劇的な展開ですが、本当のドラマはこの延長に待っていました。

延長12回表。神村学園はツーアウトながら満塁のチャンスをつかみます。

ここで、バッターがまさかのセーフティバント。

完全に意表を突かれた野手が1塁に悪送球をしてしまい、一気に3点を奪ったのです。

延長線の表に3点を取られたら、普通は万事休すです。

12回裏の明豊高校の攻撃は簡単にツーアウトを取られ、あと1つのアウトでゲームセットというところまで追い詰められました。

ところが……。

なんとここから、フォアボールやヒットを重ねて4点を奪い、明豊高校が逆転サヨナラ勝ちをおさめたのです。

もし、漫画に描いたら「ウソっぽすぎる」と言われそうな試合展開。

はっきり言って、甲子園の歴史に残るような大試合でした。

でも、私はこの試合、その劇的な展開よりももっと感動したことがあったのです。


それは、**試合中の両チームの選手たちの笑顔**。


チャンスで三振した選手も、逆転打を打たれたピッチャーも、「やられたかー」というさわやかな笑顔。

エラーした選手ですら、「やっちまった〜。ごめ〜ん」と笑顔。

周りのチームメイトは「ドンマイ、ドンマイ」と笑顔。

そして、歴史に残る試合を目《ま》の当たりにしている両チームの監督もまた、ベンチに戻ってくる選手たちを笑顔で迎えている。

この**すべての笑顔がメチャクチャに輝いていた**。


その笑顔を見ていて、これが、本当の高校野球の姿なのではないかと思えたのです。

高校野球なんて、**本質は高校生のクラブ活動**です。プロ野球とは違って、教育の一環（ですよね?）。

それを、大々的にテレビで中継して、大騒ぎするから、ときどきおかしなことに

なっているのではないでしょうか。

もうずいぶん前ですが、スター選手に対して敬遠したピッチャーや監督が周りから責められたことがありましたっけ。

そもそも、炎天下でただの1日も練習したことがない周りの人たちが、敬遠策を取ったチームに、とやかくいう必要も権利もないではありませんか。


お金を払ってプレーを見せるプロ野球とは根本的に違います。

贔屓チームの4番打者がチャンスで三振したのを「ヘタクソー」ってヤジるのは、プロ野球だからいいんです。

ついでに言うと、よくスポーツ情報番組で、高校野球のチームの1人を強引に主人公に仕立てて、ドキュメンタリータッチに見せるのも過剰な演出だと思います。

甲子園出場って、ある意味、「予選に勝ったチームへのご褒美（晴れの舞台）」です。出場した選手には、1球1球、すべてを楽しんでほしい。

大試合での選手たちの輝く笑顔を見たら、強引にスターを作ることの無意味さを感じました。それに、スターは「作る」ものではなく「生まれる」ものですよね！

07

この世界に、もう2人

オリンピックの競技のうち、タイムを競うもの。
たとえば、水泳とか１００メートル走とか。
あれ、決勝のタイムが同じだったらどうするのでしょう？
２人に金メダルをあげるのでしょうか？

調べてみると、競技によって違うのですね。

たとえば、水泳などは１００分の１秒単位で同タイムの場合は、同着として２人とも金メダルになるそうです。最近では、２０００年のシドニーオリンピックでも、男子50メートル自由形で２人の金メダリストが誕生しているとか。

一方、陸上競技は厳しくて、同着でも１０００分の１秒まで計測したり、投てき競技では、1番いい記録だけでなく、2番目の記録で決めたりするなどして、2人同時の金メダルを避けるそうです。

では、冬季オリンピックの団体種目、たとえば、ボブスレーではどうかというと……。

実に20年ぶりのことだそうです。

2018年に開催された平昌《ピョンチャン》冬季オリンピックの「ボブスレー男子2人乗り」の決勝での話。

カナダのチームとドイツのチームの2回の合計タイムが、3分16秒86と、100分の1秒まで同タイムで、2チーム同時に金メダルを獲得したのです。

その出来事もさることながら、感動的だったのは、同時金メダルとなった2チーム、4選手の姿とコメントです。

まったく同じタイムが掲示板に出た瞬間、**4人は敵味方なく抱き合い、お互いの**

金メダルを喜び合ったのです。

感想を聞かれたときのカナダ選手の言葉が特によかった。

「同タイムの金メダルは素晴らしい。だって、自分と同じ幸せな人間が、この世界にもう2人増えるんだから！」

聞けば、この4人。

長年のライバルであり、友人同士なのだとか。

スポーツは勝負の世界です。

……ではありますが。

こういう、**ライバルを讃《たた》える姿というのは、金メダルの感動とはまた、ひと味違った感動があります。**

もともと私は、惜しくも2位になった選手が1位の選手と笑顔でハグしたり、本番で失敗してしまった選手が笑顔で「いや〜、やっちゃいました」なんて言ったりしている場面が大好き。

一生懸命に闘ってメダルを獲得するシーンはたしかに感動的ですが、それとは別に、破れた選手が勝者を讃えたり、4年に1度の大舞台で失敗してしまった選手が「失敗、失敗」なんていう表情をしていたりするシーンを見ると、とても、ホッとしてしまうのです。

「同タイムの金メダルは素晴らしい。だって、自分と同じ幸せな人間が、この世界にもう2人増えるんだから！」

何度聞いても素晴らしいコメントではありませんか。

もし、オリンピックの種目に、「全競技共通・コメント部門」というものがあれば、このコメントに金メダルを授与したいと思います！

やり直しになったときの魔法の言葉

08

いつものようにカフェで原稿を書いていたときのこと。
私は心の中で叫びました。

うわわわーーーっ！


悲劇はいつも突然やってきます。

2時間近くかけて書いた、4ページ分の原稿を不注意で消してしまったのです。

どうも、せっかく1度は保存していたその原稿に、次の原稿を上書きして保存してしまったようなのです。

こんなとき、きっとパソコンに詳しい人なら、消してしまった原稿を復活させることができるのでしょう。

しかし、「ミスターパソコン音痴」の私にそんな芸当ができるはずもありません。

1分間くらいはボーゼンとしたでしょうか。

そして、出した結論は……。


記憶が新しいうちに書き直す！


実は、このときのように、何時間もの努力が消え失せてしまったとき、私は、いつも、ある人のエピソードを思い出します。

その人の名は赤塚不二夫《あかつかふじお》。

『天才バカボン』や『おそ松くん』などで一世を風靡したギャグ漫画の神様です。

その赤塚不二夫先生。あるとき、描き上げた漫画原稿を編集者に失くされてしまったことがありました。

徹夜で描いた原稿を、編集者がタクシーに置き忘れてしまったのです。

途方に暮れた表情で戻ってきた編集者に対して、赤塚先生は、文句のひとつも言わずに最初から描き直し、ふたたび出来上がった原稿を編集者に渡すときに、こう言ったのだそうです。

「2回目だから余計にうまく描けたよ」

ひいい〜〜っ、カッコいい！

私が編集者なら、「目から涙が星飛雄馬《ほしひゅうま》」です！（たとえが古くて失礼！）

何時間もかけたものが一瞬にして失われてしまったとき。

私は、いつも、この赤塚先生のエピソードを思い出すのです。

そして、こう思うようにしています。

「2回目だから、余計にうまくできるに違いない！」

原稿が消えたそのときも、そう言い聞かせて、もう1度、最初から原稿を書き始めました。

最初の原稿よりうまく書けたかどうかはわかりませんが、ものの30分で書き直し終了。いざ、書き始めると、結構、文章が頭に残っていて、最初に書いたときの4分の1くらいの時間で書き終えることができました。すぐに文章の復活をあきらめて、記憶が新しいうちに書き直し始めたのがよかったようです。


半日かけてやっていた仕事が、いきなりダメになることってありませんか？

そんなときは、私のように、この赤塚先生の優しくてカッコいいエピソードを思い出して、**「2度目だから、次はもっとうまくできるぞ！」**って、うまく自分をダマしてみてください。

ちなみに、私が書き終えた文章を消してしまったのは、これで5、6回目。

そのたびに、赤塚不二夫先生のお世話になっています。

赤塚不二夫先生！　いつもありがとうございます！

先生のエピソードのおかげで、「やってしまったとき」に前向きに対応できております！


（参考『バカボンのパパよりバカなパパ』赤塚りえ子著　幻冬舎文庫）

新しい場所に受け入れてもらいたいときに 09

たとえば、学校の転校生や会社の中途採用者のように、すでに、コミュニティーが出来あがっているところに入っていくとき。

いかにして、メンバーにとけ込むか？

そのヒントになる（と思う）お話。

NHKの朝の情報番組『あさイチ』。

2018年4月2日に、それまでのMC、イノッチこと井ノ原快彦《いのはらよしひこ》さんと有働《うどう》由《ゆ》美子《みこ》アナウンサーに代わって、お笑いコンビの博多大吉《はかただいきち》、博多華丸《はなまる》の2人が起用されました。

何しろ、イノッチと天然ボケの有働アナが好感度バツグンで、言わば「朝の顔」

でしたので、誰が引き継いだとしても超アウェー。

いかに、人気の博多大吉、博多華丸のお2人でも、視聴者に受け入れられるのに時間がかかるのではないかと（私は）思っていました。

さて。

新MCとして最初の放送の冒頭。

「おはようございます」の挨拶のあと、大吉さんの第一声は、「4月2日、月曜日の『あさイチ』でございます。まあ、始まりましたよ」でした。

いや〜、この「まあ」が効いていますよね。私は、この「まあ」だけで、すでにクスッと笑ってしまいました。

続けて、視聴者の気持ちを代弁するひと言。

「どうですか？　みなさん、違和感しかないでしょ？　それはお互いさまです」

これも「みなさん」が効いています。

全国で何人の人が「うんうん」と頷《うなず》いたことか。

続いて相方の華丸さんが**「歩み寄ってね」**とひと言。

私はこれも笑ってしまいました。

そして、極めつけは大吉さんです。

「我々も決して悪気があって出ているわけじゃないということは承知いただきたい」

この自虐ネタには、スタジオ内でも大きな笑いが。

そして、とどめ。

「慣れるまで、お互いに我慢のしどころだと思います。長い目で見ていただければ」

うーむ。すごい……。

新しい場所に受け入れてもらいたいときの挨拶としては、もう完璧だったのではないでしょうか。

新参者の自分たちがどう見られるかを冷静に分析、把握して、見ている人たちの気持ちを代弁しつつ、自虐ネタで笑いも取って、「温かい目でよろしく」とお願いしている。

初めて会う人たちの前で自己紹介するときなどに、ものすごく参考になる挨拶だったと思います。

身体の大きな転校生が、**「こう見えて、前の学校では図書係でした」**とか。

怖い顔をした転校生が、**「親はヤ◯ザではありません」**とか。

背の低い転校生が、**「背は低いですが、テストの点も低いです」**とか。

自分を見ている人たちの目に自分がどう映っているかを逆手《さかて》にとっての自虐ネタ。いくらでも応用ができそうですよね。

10 温泉でプカーッと浮かんだアメリカ人

温泉旅館に泊まったときの朝の露天風呂。最高ですよね。

これからお話をするのは、そんな温泉宿の朝の露天風呂で起こった珍事件（？）です。

あなたは、温泉の露天風呂で、一緒に入っている外国人が、突然、顔をお湯につけたまま、プカーッと浮いて動かなくなったらどうしますか？

これは、私の知り合いで、地方によく講演にいっているある人が体験した話。

名前は仮にKさんとしましょう。

その日、Kさんは講演のため、地方の温泉宿に宿泊していました。

それで、朝、露天風呂に入っていたのですね。

その朝は、Kさんの他に、数人のおじさんたち、そして、1人のアメリカ人らしき外国人が朝風呂を楽しんでいたそうです。

と、突然。

そのアメリカ人が、お湯に顔をつけたかと思うと、うつぶせの状態で、プカーッとお湯に浮かんだのです。

しかも、**プカプカと浮かんだままピクリとも動かない……**。

その姿に気がついたおじさんたち。こ、これは、もしかして心臓マヒでも起こしたのでは！　と大慌て。

「ウワッ！　だ、大丈夫ですか！」

そう言って、そのアメリカ人の身体をゆさぶります。

すると、お湯に浮いていたアメリカ人。

おじさんたちに身体を触られたことに驚いて、ブワッと立ち上がったのです。

立ち上がったアメリカ人曰く。

「顔のマッサージをしていた！」

そう言ってニヤニヤと笑います。

どうも、お湯に顔をつけて、表情をいろいろと変えて、顔の筋肉をほぐしていたらしい。そうしたら、突然、知らないおじさんたちから身体を触られて、びっくり仰天。

これは間違いなく「男好きなおじさんたち」が裸の自分に触ってきたのだと勘違いして、慌てて立ち上がったのです。

そして、「私には、そんな趣味はアリマセ～ン」と思いながら、どうリアクションしてよいかわからずにニヤニヤと不気味に笑ってしまった。

一方、おじさんたちのほうは、彼の「顔のマッサージをしていた！」という意味の英語がわかりません。

そのため、彼が無事だったことに安心して、「よかった、よかった！」と言って微笑んでいたそうです。

さて。この一部始終を見ていたのがKさんです。

Ｋさんは英語がわかるし、外国人との付き合いもあるので、アメリカ人観光客が顔をお湯につけて筋肉をほぐしていただけだったことも、日本人観光客のおじさんたちが、外国人からあらぬ誤解を受けてしまったことも、手に取るようにわかりました。

お互いに勘違いをしているのに、双方がニヤニヤと笑顔になっているのがおかしくて、Ｋさん、笑いをこらえるのに必死だったそうです。

誤解された外国人も、誤解したおじさんたちも、すべてをわかったＫさんも、結果、みんながニヤニヤしてしまったという、何はともあれ、平和なニッポンの朝風呂の光景なのでありました。

湯《ゆ》泉の底に　我《わが》足見ゆる　けさの秋　（与謝蕪村《よさぶそん》）

のどかです。

11 あなたたちが笑ってくれるなら

私が中学生だったとき。学校にものすごく怖い先生がいました。

他の先生の授業では私語をしている生徒たちも、その先生の授業では、借りてきたネコのように静かにしていたものです。

自習時間にみんなでワイワイ騒いでいたとき、たぶん、隣の教室で授業をしていたその先生が、教室の廊下側の窓から鬼のような顔で中をのぞいたことがあって、それに気がついた生徒が1人、また1人と話すのをやめて、10秒くらいで、全員が、借りてきたネコが死んだようにシーンと静かになったこともありました。

怖い先生の授業は、ピリピリとした緊張感があって静かです。

でも、それってよいことだったのでしょうか？

さて。これは、京都にある英語塾で、小中学生に英語を教えている、お母さん先生の話。仮にU先生としましょう。

ある日のこと、塾で授業が始まる前に生徒と雑談をしていると、生徒がこんなことを言ったそうです。

「U先生、中3って、箸《はし》が転んでもおかしい年ごろなんですよ」

たしかに、そういう慣用句はあるけれど、まさか、実際には……。

そう思ったU先生、「箸が転んだぐらいで、笑わないでしょ」と言って、そばにあったペンを5本、机の上にバラバラと転がしてみました。

それを見た、中3の生徒たち、ケタケタと笑うではありませんか！

おおっ！　本当に笑うのか、中学生！　なんて簡単に笑ってくれるんだ！　可愛いじゃないか！

U先生、嬉しくなって、続けて2回、ペンを転がします。

「さすがに、3回目は笑えないです。もう、先生が、転がってくれないと」と苦笑いする生徒たち。

その言葉を聞いたU先生。

「うんわかった！」

そういうと、自ら、床の上をコロコロと転がったのです。

それを見た生徒たちは、こらえきれずに大爆笑。

教室中が笑いに包まれました。

U先生は言っています。

「最初に笑わせると、教室にいい空気が流れる。いい空気が流れると、英語を話すのに、ガードが下がり、緊張しなくなる。教室は、間違えていい場所。温かい雰囲気があって、間違えても怖くない場所でなくてはいけないと思う」

実はU先生。高校生のころ、イジメられて、怖くて、緊張して、学校で話ができなくなってしまったという過去があったのです。

怖くて、頭のなかが白くなると、英語どころか日本語だって、緊張してしゃべれなくなる。そんな、ツラくて長い数年間。

同じ思いを、今の自分の教え子には味わってほしくない……。

だから授業では、生徒に、無理矢理、英語をみんなの前でしゃべらせるようなことはしない。それは、できない子にとっては、恐怖でしかないから。そんな授業は、権力を持つ者からの、教育という名の暴力でしかないと。

生徒たちには、まず笑ってほしい。

あなたたちが笑ってくれるなら、床の上だって喜んで転がる！

私の中学時代にいた、怖かった先生の「水を打ったように静かな授業」は、一見、素晴らしいように見えます。

でも、生徒たちは、先生が怖くて質問もできませんでした。

担任の先生から漏れ聞いた話では、その先生、職員室で他の先生たちに、「私は、生徒には、もっと積極的に質問してほしいと思っている」と言っていたらしい。

いやいや、質問できない雰囲気をつくっているのはアナタでしょ！

もし、タイムマシンがあれば、U先生のツメの垢《あか》を山盛りにして持っていって、口の中に詰め込んできたいです。

恐怖政治は結局、邪道。
国民ファーストが美しき王道です。

12 被災地の鶴瓶師匠

笑福亭鶴瓶《しょうふくていつるべ》師匠と明石家《あかしや》さんまさんが、まだ、若かったころ。同じ新幹線で大阪駅から東京方面へ移動する機会がありました。

どこからか情報をつかんだファンが、大阪駅のホームにたくさん集まったそうです。

ファンに向かって愛嬌をふりまく２人。

と、１人のファンが鶴瓶師匠におにぎりを手渡します。新幹線が発車する前に、そのおにぎりを頬張る師匠。

その姿を見たさんまさん。新幹線に乗車してから、鶴瓶師匠に「ファンから渡されたものは怖くて食べられへん」と言うと、師匠はこう答えたそうです。

「たしかに何か変なもんが入ってるかもしれへんな。オレも怖いよ。でもな、オレはファンを信じて食べんねん。見てるとこで食べてあげると喜んでくれるやろ」

そう言った鶴瓶師匠。新幹線が発車すると食べかけのおにぎりをさっさとしまってしまいます。それを見たさんまさんが、今度は「もう食べへんのか」と尋ねると、鶴瓶師匠、笑いながらこう言ったのだとか。

「見てないとこで食べてもしゃあないがな。オレは今、あんまり腹空いてないねん」

いやはや、たとえ怖くても、お腹が空いていなくても、ファンを喜ばせるために、その場でおにぎりを食べるとは……。ファンを大切にする鶴瓶師匠らしい話です。

さて。これはそんな鶴瓶師匠の阪神・淡路大震災時（1995年）のエピソード。

自宅が半壊、自らも被災した鶴瓶師匠でしたが、毎日のように避難所を訪ねて、不足しているものを聞いては、毛布や紙おむつなどを届けていたそうです。

避難所を訪ねるようになって10日も経ったある日のこと。

師匠は、避難所にいた1人から、こう声をかけられました。


「鶴瓶さん、物はもう要らんから、笑わしてくれんか？」


避難所の体育館には、ケガをして、まだ起きられない人がたくさんいます。

それどころか、すぐ隣の武道場は遺体の安置所になっている。

そんな状況で、何を話して笑わせればいいのか？

いや、そもそも、笑わせてもいいのか？

師匠が迷っていると、被災者の中でも、一番症状が重く、苦しそうにしていた人が鶴瓶師匠の背中を押しました。


「みんなが楽しみにしてるんやから、笑わしたってくれ」

このひと言で意を決した鶴瓶師匠。

地震が発生してからの体験を、アドリブで話しはじめました。

まず、子どもたちが笑い、その子どもたちを見た大人たちが笑う。

そして……。


避難所の体育館は笑いに包まれたのです。


師匠の話が終わると、感激した地元のヤンキーたちが、帰る師匠に対して、手をつないでトンネルを作って見送ってくれました。

そのトンネルを「ありがとう」と言ってくぐりながら、鶴瓶師匠は、「リアルなことを瞬間的にしゃべる。それが落語の原点なんちゃうか？」と確信したといいます。

そしてこのとき、「これからも、見て、感じたことを自分の噺《はなし》としてしゃべっていこう」と誓ったのだとか。

鶴瓶師匠が、テレビ番組で、「台本のない笑い」を大切にするのには、こんな経《いき》緯《さつ》があったのですね。

そして、何よりもファンの心を大切に思う気持ちが周りに伝わるから、ハチャメチャをやっても愛されるのだと思うのです。

（参考『笑福亭鶴瓶論』戸部田誠著　新潮新書）

13 カンタの傘

私の知り合いで、フリーランスとして活躍されている女性が体験した話です。

その日は、夕方になってから雨になり、傘を持っていなかった彼女は、駅から家までダッシュで帰ることにしたそうです。

駅を出て、雨の中を全速力で走っていると、前を歩いていたお兄さんが突然振り返って彼女に声をかけてきました。

「傘、どうぞ」

「えっ？　そんな」

「大丈夫です！　家、近いんで。1度こういうのやってみたかったんですよ！」

「えーっ、そんなー！　ありがとうござい……」

彼女が言い終わる前に、お兄さんは彼女に傘を手渡すと、あっという間に走り去っていってしまったのです。

とっさのことで、つい傘を受け取ってしまい、断る間もない一瞬の出来事。声をかけられた瞬間、彼女は、「まさか、相合傘を利用したナンパ?」という考えも頭をよぎったそうですが、純粋に親切な人でした。

骨が1本曲がったビニール傘(笑)でしたが、とても温かい気持ちに包まれた彼女。あとになって「なんだか、このシチュエーション、どこかで見たような気が……」と考えてみて気がつきました。

それは、映画『となりのトトロ』(宮崎駿《はやお》監督)の1シーン。

主人公の姉妹、サツキとメイが、下校のとき、傘がなくて地蔵堂で雨宿りをしていると、偶然に通りかかった同級生のカンタが「んっ!」と傘を差し出して、何も言わずに走り去る。

そんな、名シーンとそっくりではありませんか!

もしかしたら、傘を差し出したお兄さんも、子どものころに『となりのトトロ』

のこのシーンを観て、「いつかやってみたい」と思っていたのかもしれません。

映画では、**傘をサツキに手渡したカンタは、雨の中、嬉しそうな顔をして走っていました。**見知らぬお兄さんも、きっといい顔をして走っていったことでしょう。


もう1つ。今度は別の女性が娘さんとともに経験した、クリスマスの晩の話。


これも駅からの帰り道。遠出の外出帰りで、親子ともども、大きなスーツケースを抱えていて、駅に着いた時点でヘトヘトだったそうです。

駅には1台のタクシーもおらず、2人はしかたなく、降り積もった雪で足元が悪い中、スーツケースを引きずって家までの道を歩き出しました。

それでも、元気を振り絞って、マライア・キャリーのクリスマスソングのサビの部分を何度も歌って星空を見上げて歩いていたのです。

家まであともう半分、というところまで歩いたとき、タクシーを見かけましたが、「ここまで歩いたら、もうすぐだから」と思い、見送りました。

と、通り過ぎていったタクシーがUターンして戻ってくるではありませんか。

運転席の窓から顔を出した運転手さん、2人に向かってこう言ったのです。

「乗っけてあげようか？　代金、要らないから。なんだか、可哀相で……」

親切な言葉に有り難く甘えた親子。

家に着いて、「ありがとうございました。メリークリスマス！」と彼女が言うと、運転手さんは、「ありがとう！」と笑顔で応え、タクシーは走り去っていったそうです。

疲れていた2人に、とびっきりのクリスマスプレゼントをした、運転席のサンタクロース。きっと、トトロのカンタみたいな笑顔で去っていったに違いありません。

あなたの心の中にも、「カンタの傘」がありますか？

ちょっとしたことで困っている人がいたら、遠慮なく、「カンタの傘」を差し出してあげてください。
その行為は、あなたをステキな笑顔にしてくれるかもしれません。

「ホッとする話
笑える話」

ブレンドコーヒー
と楽しむ

赤い洗面器の男

14

「赤い洗面器の男」というジョークをご存知ですか？
これ、三谷幸喜さんの脚本に時おり登場する、オチのないジョークです。
『古畑任三郎』や『王様のレストラン』などの作品に出てきます。
「赤い洗面器の男」とは、だいたいこんなお話。

ある晴れた日。
道の向こうから赤い洗面器を頭に乗せた男が歩いてくる。
洗面器の中にはたっぷりの水。
男はその水をこぼさないようにゆっくりゆっくり歩いてくる。
「なぜ、頭に赤い洗面器を乗せて歩いているんですか？」と聞くと、男はこう答えた……。

……と、いつもここまで話したところで、邪魔が入って、オチが永遠にわからないという仕掛け。

ジョークのオチがなかなかわからないという、手の込んだジョークです。

ある作品の中では、このジョークを語っている人物がオチの部分で詰まってしまい、周りから「それで、男は何と答えたんだね？」と詰め寄られて、「わ、忘れちゃいました……」と言って真っ赤になる…というシチュエーションまで存在します。

さて。

ここからが本題。

ジョークのオチって、「論理的な思考」や「発想の転換」、そして、「考え方の飛躍」も必要です。

そこで……。この「オチのないジョーク」のオチを考えてみてはいかがでしょう？
まあ、コーヒーブレイクの「頭の体操」ですね。

では、まず私から、このジョークのオチをいくつか考えてみましょう。

ある晴れた日。
道の向こうから赤い洗面器を頭に乗せた男が歩いてくる。
洗面器の中にはたっぷりの水。
男はその水をこぼさないようにゆっくりゆっくり歩いてくる。
「なぜ、頭に赤い洗面器を乗せて歩いているんですか？」と聞くと、
男はこう答えた……。

●オチ1
「赤い洗面器だって？　サーモンピンクって言ってくれよ！」

●オチ2
「そう言うあんたは、なんで青いタライを頭に乗せてるんだい？」

●オチ3
「きのうの晩、お気に入りの黄色い洗面器を壊しちゃってね……」

●オチ4
「あっ、かぶってたのか！　失くしてずっと探してたんだ」

●オチ5
「あなたには見えるんですね……、この洗面器が……」

いかがでしょうか？
コーヒーブレイクのひととき。ちょっとした頭のストレッチ。
あなたも、ぜひ考えてみてください。

15 喫茶店ジョーク

カフェに入ってきた4人のお客。全員がコーヒーを注文した。

そのうちの1人が念のため店員にクギをさした。

「君、カップはちゃんと洗ってくれたまえよ」

しばらくして、コーヒーを運んできた店員、4人を見まわしてこう言った。

「えーっと、洗ったカップをご希望のお客さまはどちらでしたっけ？」


私が大好きなジョークです。

口うるさい神経質なお客と、いかにもダルそうな店員のコントラストが絶妙なところがいい。

最初にこのジョークを知ったときは、「日本のカフェでは考えられないことだけど、海外では実際にありそうだなぁ」なんて思いました。

でも、最近は、ファミレスなどで、「飲み物コーナー」に置かれているコーヒーカップをよく見ると、カップの内側にコーヒーしぶ（っていうのかしら？）が残っていることがあって、このジョークが日本でも成立するようになってきているような気が……。


何はともあれ、カフェやレストランは、ジョークの世界では格好の舞台。

そんな喫茶店ジョークから、私が好きなものを、少しアレンジを加えつつ、いくつか紹介しましょう。

●ジョーク1
「おい君、このコーヒー、ぬるいよ」

「すみません、新人のヤツ、ちゃんと水じゃなく、お湯で薄めろって言ったんですけど」

●ジョーク2
西部の田舎町のレストランで。

「おい、驚くなよ。この前、この店でウェイトレスに『ミルクが少ないよ』って言ったんだよ。そしたらおまえ、胸元を開けて、胸から生ミルクをピッて出して追加してくれたんだぜ」

「おまえ、よかったな。ウェイターに『ビールが少ない』って言わなくて……」

●ジョーク3
ある喫茶店の店内にあった張り紙。

『飲み終えたコーヒーカップにタバコの灰を落とすお客さまへ。これまでご不便をおかけして申し訳ありませんでした。次回からは、来店時にお申し出ください。灰皿でコーヒーをお出し致します』

●ジョーク4
アメリカにあるカフェでパスタを食べていたお客がウェイターに聞いた。

「ずっとこの店のキッチンで働いていた金髪の子、やめたのかね？」

「ええ、先週やめました。よくわかりましたね？　パスタの味付け、変わりましたか？」

「いや、今日は黒い髪の毛が入っていたから」

●ジョーク5

喫茶店にきたあるお客。コーヒーカップに、スプーン20杯分の砂糖を入れて美味しそうに飲み始めた。

それを見ていたウェイターが聞いた。

「どうして、かき混ぜないんですか？」

男はコーヒーカップを置くと、こう答えた。

「どうして、わざわざかき混ぜなくちゃいけないんだね？　私は甘いコーヒーが嫌いなんだ」


おあとがよろしいようで。

（参考『外国人を笑わせろ！（第3版）』宮原盛也著　データハウス／
『家元を笑わせろ』立川談志著　ＤＨＣ）

16

マジシャンからのクリスマスカード

学校の先生をやっている知人の話。

「校内百人一首大会」に向けて、連日、国語の時間に、かるた取りの練習をしていたときのこと。

ずっと百人一首ばかりで飽きてしまったある生徒。

先生に、こう言ってきました。

「先生、たまには、また、アレやろうよ。えーっと、ほら、なんだっけ……」

その生徒、以前にやった「坊主めくり」が面白くて、またやりたかったのですが、「坊主めくり」という名前を忘れてしまったんですね。

で、しばらく考えて、こう言ったそうです。

「えーと、ほら、あっ、思い出した！『ハゲ見つけ』！」


ははは。まあ、似たようなものですが……。

最近、固有名詞のド忘れが激しい私には、その生徒の気持ちが「う〜ん、わかる、わかる！」なのでありました。

自慢ではありませんが、私はそもそも人の顔と名前を覚えるのが苦手です。

街角で「あっ、お久しぶりです！」と、どこか見覚えのある相手から声をかけられようものなら、もう、気分はヒッチコック（サスペンス映画の巨匠）映画の主人公です。


さて。

その「記憶力」に関するお話。

アメリカのあるマジシャン。とても記憶力がよいことで有名でした。

彼と知り合いになった誰もが、年末になると彼から個人的なメッセージつきのクリスマスカードを受け取ります。

驚くのはそのカードに書かれたメッセージの内容です。

カードには、会ったときの会話に出た、その人の家族の名前や、出会ったときの細かなシチュエーションが正確に書かれていたのです。

クリスマスカードを受け取った人たちはみんな、「たった1度、短い会話をしただけなのに、こんなにも話の内容を覚えていてくれたとは！」と感激し、クリスマスのたびにマジシャンの名声はさらに高まったのだとか。

でも……。彼は、マジシャンです。この記憶力の良さには、実はタネも仕掛けもありました。

あなたなら、このトリック、まるっとお見通しですよね。

そうです。このマジシャン、**相手と会ったその日にクリスマスカードを書いてしまい、年末にまとめて発送していた**のです。わかってしまえば、簡単なトリック。

でも、「クリスマスカードはクリスマスに書くもの」という思い込みがあると、このトリックをなかなか見やぶれません。

この手。賢い営業マンも使っている方法です。

営業先でお客と別れたら、すぐに、その日の会話で得た情報をメモしておく。

次にそのお客さんと会うときは、直前にそのメモを見てから会うのです。

そして、会ったら「そういえば、お子さんのタカシ君の誕生日はあさってでしたよね」なんて言う。簡単なプレゼントを持っていけば、なお喜ばれます。

実際に、私の知人の起業家は、人との会話内容を直後にスマホにメモし、次に会うときは、そのメモを見てから会うようにしているそうです。

簡単なひと手間ですが、お客さんは「よく覚えていてくれた」って喜んでくれて、効果はバツグンとのこと。

もし、久しぶりに会う相手から「3年前にいただいたお菓子、美味しかったです」って言われたら、驚きますよね。

人の顔と名前が覚えられない私も、「直後にメモ」という手を使えば何とかなりそうです。問題は、会話の直後に残したメモが、どこにいったのかわからなくなるということでしょうか……。

（参考『心を上手に透視する方法』トルステン・ハーフェナー著・福原美穂子翻訳　サンマーク文庫）

蛭子さんの謝罪会見

17

漫画家の……というより、独特の味を持つタレントとして活躍中の蛭子能収《えびすよしかず》さん。

私は、某所で行なわれた「蛭子能収個展」で、1度、ご本人とお会いしたことがあります。

蛭子さんの著書を持参して、私がサインをお願いすると、テレビと同じ少し照れたような表情を浮かべて、ちい～～さな声でボソッと、こうおっしゃいました。

「オレなんかのサインでよければ、いくらでもするヨ」

そして、わざわざ「汗をかいた男の顔の絵」（オリジナルなのか、私の似顔絵なのかは不明）を添えて、著書にサインをしてくださったのです。

ほんの短いやり取りでしたが、私は、蛭子さんのなんとも言えない、ほのぼのとした人柄に好感を持ったのでした。

さて。

褒めたあとでなんですが（笑）、かつて、蛭子さんは、賭け麻雀で逮捕されたことがあります。

なんでも、娘さんと食事の約束をしていて、待ち合わせ時間までに少し時間があったので、「ほんの少しだけ麻雀をしよう」と、雀荘に行ったら、運悪く警察の手入れがあって捕まってしまったのだとか。

間の悪いことこの上なし。なんとも蛭子さんらしい話。

その後、釈放された蛭子さんは、事件の謝罪会見で、ちょっと笑えるエピソードを残しています。

謝罪会見で、「もうギャンブルは2度とやりません」と言った後に続けて言ったひと言で、ヒンシュクを買ってしまったのです。

何と言ったと思いますか？

蛭子さん、賭け麻雀で捕まった謝罪会見なのに、こう言ってしまったのです。

「もうギャンブルは2度とやりません。賭けてもいいです」

ははは、はっ。
ダメでしょ！

そう言えば、昭和の大スター、俳優の勝新太郎さんは、病気あけの記者会見で、「医者から、タバコは禁止された。もう、２度とタバコは吸わない」とか言いながら、タバコをぷか〜っと吸っていましたっけ。

記者から「勝さん、タバコはやめたんじゃないんですか？」とツッコまれて、「うん、タバコはやめた」って言いながら、口から煙をぷはーって、なかなかの大物（？）ぶりでした。

勝さんのほうは、ウケ狙いでしょう。

でも、この蛭子さんのほうは、完全な天然ボケ……なのかと思ったら、ご本人曰く、こちらもウケ狙いだったのだそうです。

「もうギャンブルは2度とやりません。賭けてもいいです」って、実は、本人としては「ウケるかな」と思って言った言葉だったのだとか。

それでいて、大ヒンシュクを買ってしまうところが、なかなかどうして、得がたいキャラクターですよね。


そんな蛭子さん、芸能界における「天然ボケおじさん（おじいさん？）枠」を、「ひふみん」こと加藤一二三さんに取られることが増えて、「やばいよう」って、焦っていると聞きました。

芸能界における、自分の枠の死守。

大変ですなぁ。


（参考『笑われる勇気』蛭子能収著　光文社）

松本零士の奇妙な（？）体験　18

ショートショートの名手と呼ばれたＳＦ作家、星新一さんに『声の網《あみ》』という作品があります。

発表は１９７０年ですから、もう半世紀も前に書かれた話ですね。

この作品で描かれる近未来では、電話が単なる通信手段ではなく、ありとあらゆる情報を提供してくれるメディアとして確立しています。

たとえば、「買いたい商品の条件を伝えると、該当する商品を教えてくれる」「今日が知人の誰々の誕生日だと知らせてくれる」などの電話サービスが存在する社会なのです。

そう。お気づきのとおり、これ、現在のネット社会そのものですよね。

ＳＦ作家の想像力は、ときに予言レベルで未来社会を描くことがあります。

小説だけでなく、漫画も同じ。

いや、漫画のほうが「絵」がある分、より具体的な未来が描かれることが多いかもしれません。

たとえば、『銀河鉄道999《スリーナイン》』や『宇宙戦艦ヤマト』などのSF漫画で知られる松本零士さん。

彼の作品には、しばしば特徴ある未来都市が出てきます。

見上げるばかりの超高層ビル群。

その間にチューブ状の道路がはりめぐらされている……。

私は子どものころ、そんな零士さんの漫画の1シーンを見て、自分が大人になる時分には、こんな景色が現実になるんだ……と信じていました。

まあ、チューブ状の道路は実現しませんでしたが、現在の東京の高層ビル群を見ると、かなり近いところまで現実になったと言えるのではないでしょうか。

これ、零士さん自身も、「未来はこんな景色になる」と信じて描いていたのだとか。

そんな松本零士さん。

九州から東京に出てきて、都心の高層ビル群を初めて見たとき、自分が想像で描いた未来都市との酷似ぶりに驚き、「ああっ、オレは未来の都市を正確に描いていたんだ！」と感動したそうです。

ところが……。

今から数年前のこと。零士さんは、実際に都心の高層ビルを建てた設計者の１人と会ったとき、その設計者からこんなことを言われたのだそうです。

「オレは、あんたの漫画を小学生のときに見て、それにあこがれて、あのビルを建てたんだ」

そうです。

松本零士さんの想像力が、未来の景色を正確に描いていたのではなく、逆に零士

さんが想像した景色が、未来の都市のモデルになっていたのです！
まさかの、過去と未来の逆転現象。

そう言えば、どこかのメーカーの社長さんが、「自分は商品開発のヒントを『ドラえもん』から得ている」と話しているのを聞いたことがあります。『ドラえもん』に出てくる未来の道具は、その全部が、人々が「欲しがっているモノ」ばかり。
ヒット商品のヒントとして最適だというわけです。

星新一さんの『声の網』がインターネットのヒントになったとは思いません。でも、「未来社会を正確に予言していて驚く」と言われるSF小説や漫画の古典のいくつかは、実は、松本零士さんの未来都市のように、未来を予言していたのではなく、逆に「未来」を作る人たちのヒントになっていただけだったのかもしれませんね。

19 寄付を迫られた漫画家

かつて新聞に連載されていた『フジ三太郎』などの作品で知られる漫画家、サトウサンペイさんのエピソードです。

ある日のこと。サトウさんのもとにある団体から電話がかかってきました。

「私はあなたの漫画をよく読んでいます。ファンです」

「そりゃ、どうも」

ファンだと言われて、まんざらでもないサトウさん。

しかし、少しの会話のあと、相手はこんなことを言ってくるではありませんか。

「実はですね、私たちの団体に、ぜひ寄付をしていただきたいのです」

「う～ん」

すでに、少し打ち解けて会話をしてしまい、断りにくい雰囲気になっていたサトウさんはうなってしまいます。

実はその団体、少し過激な運動をしていて、サトウさんとしては賛成しかねる部分があったのです。


さて、ここで、いきなりクイズです。

賛成しかねる団体からの寄付の要請を断るために、サトウさんは機転を利かせてあることを言い、危機を脱しました。さて、いったい何と言ったでしょう？

サトウさんになったつもりで考えてみてください。

それでは、シンキングタイム！

……。

……。

……。

……。

さあ、そろそろ答えです。

寄付の要請を断るために、サトウさんは機転を利かせて言った言葉。

それは……。

「わかりました。匿名で寄付します」

サトウサンペイさんはこう言ったのです。

「あのう……寄付というものはですね。コッソリしてこそ美徳になるんですよネ、本来……」

「ええ、まあ」と電話の相手。

「では、匿名の寄付が着いたら、それがボクの寄付です。全部ボクのです！」

この言葉を聞いた相手。

「ウッ」と言葉を詰まらせて、そのまま電話を切ったそうです。

ははは。

山田君、サンペイさんにサブトン１枚！

これこそ機転ですね。

さすがは、ユーモア漫画家。

無理なお願いに対して、ハッキリと断りにくいときは、ユーモアで返す。

アニメの一休さんがよくやっていた手ですね。

けんもほろろに断られると、相手もカチンときますが、ユーモアでオブラートに包んで断られると、少なくともケンカにはなりません。

タレントの高田純次さんが、「これから1杯どうですか？」という誘いを断るときに、こんなことを言っていたのを見たことがあります。

「ゴメン、出口でカワイコちゃんが待ってるんで、帰るわ」

こう言って断られたら、笑うしかありませんよね。

誘われたとき、その場ですぐには思いつかないでしょうから、あなたらしいユーモアたっぷりの断り文句を普段から考えて用意しておくとよいかもしれません。

高田純次、これでもか

20

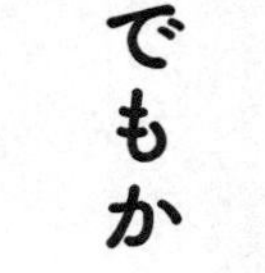

1つ前の話の最後で、高田純次さんが誘いを断るときの粋《いき》なジョークを紹介しましたが、実は私は高田さんの大ファン。

私が目指す「理想のジジイ」のナンバー1が高田純次さんなのです。

まあ、あそこまで下ネタは言いませんが、高田さんのように、ずっと周りを笑わせ続けていたい。

そんな、あこがれの高田さんが、ひたすら歩いて、素人のみなさんとやり取りするだけの番組が『じゅん散歩』（テレビ朝日）という番組です。

平日の午前中というオンエア時間ですが、私は毎日、録画をして観ています。

録画までして観る最大の理由は、「高田さんが素人とからむときのギャグ」を見て、場合によっては、自分のボキャブラリーとして取り入れさせていただくため。そのため、気に入った会話は、せっせとメモしているのです。

では、そんな、高田純次VS素人さんの会話で飛び出した高田さんのギャグ。そのいくつかをご紹介しましょう。

●レストランで、5、6人で食べていた主婦に向かって。

「どうもどうも、今日は、みんなで誰かの悪口を話してたんでしょ」

●小さな孫を連れているおじいちゃんに。

「可愛いねぇ。目の中に入れても……まあ、ホントに入れたら痛いけどね」

●昔懐かしいモノを食べて。

「懐かしい味だねぇ。私がまだ母の胎内にいたときのことを思い出しましたよ」

●ジーンズの女性に。
「ひざがやぶけてますが、大丈夫ですか？」

●丸メガネをかけた女性に。
「メガネはそんなに丸くていいのかな？」

●港にある定食屋に入って。
「ここまで来たら新鮮な魚を食わないとね。えーと、ミックスフライ定食1つ」

●街行く人に。
「今日は、どちらの星から？」

●店員だと思っていた相手が店長だと知ると。
「なに、店長なの？　最初に言ってよ、しゃべり方、変えたのに」

●おばちゃんに「イケメンねぇ」と言われて。
「そうなのよ、それが唯一の欠点なのよ」

●同じく、おばちゃんに「いい男ね～」と言われて。
「でしょ、オレも自分で驚いてんのよ。朝、鏡見て、『うわあっ！』って」

●恰幅《かっぷく》のいい人に。
「大胆不敵な身体つきだねぇ」

●トマト農家の人に。
「いや～、僕はトマトが好きでねぇ。年に1回か2回食べる程度だけどね」

こういうギャグをアドリブで瞬時に言うところが、もはや神がかっています。
これからも、せっせとメモし続けたいと思います。

21

「女装した?」

今やテレビで観ない日はない、マツコ・デラックスさん。

もう慣れっこになってしまいましたが、言うまでもなくあの方はれっきとした男性。つまり、おじさんが女装しているわけです。

いったい、今の日本に女装を趣味にしている方は何人くらいいるのでしょう?

さて。

これは、私が山手線に乗っているときに体験した話。

その日の私は、山手線でつり革につかまりながら本を読んでいました。

平日の午後で、車内はまあ、7割くらいの乗車率。

と、私の目の前の席に座っている50歳くらいの男性の携帯が鳴ります。

電話に出て、会話を始める男性。

それほど大きな声ではありませんが、目の前に立っていた私にはその会話の内容（と言っても、もちろん電話の相手の声は聞こえませんが）が聞こえます。

どうやら男性は、その日の夜に何かの集まりに出るらしく、電話はその集まりに来る知り合いからという感じ。

私は、聞くとはなしに聞いていました。

と、その男性の口から、とんでもないひと言が発せられたのです。


「大丈夫、ちゃんと女装していくから」


「なぬ⁉」となり、思わずその男性の顔を見る私。

俳優にたとえれば、ドラマ『渡る世間は鬼ばかり』の角野《かどの》卓造《たくぞう》さんが無精ひげを生やしたような感じ。

「ほーい、ギョウザあがったよ！」みたいな。

そんな、どこからどう見てもおじさんのあなたが、女装ですと⁉

そう思って見ると、たしかに赤いマフラーを巻いた派手な色合いの服装ではあります。

「うん、ちゃんと女装してから行かないとマズいだろ」

どうやら、今夜の集まりは、女装が参加条件らしい。

私の頭の中には、マツコ・デラックスさんやミッツ・マングローブさんらがドレスアップしている立食パーティーの映像が浮かんできました。

い、いったい、どんな集まりなの……？

しかし、そんな私の疑問は次のひと言で解決しました。

「うん、帰ったらやるから、ジョソウザイ出しといて」

そうです。
「女装」ではなく「除草」の話だったのです。
それにしても「女装」と「除草」。
音《おん》は同じでもエライ違いです。

私の知り合いに「猪木って司会がうまいよね」と人に言われて、「へえ〜。アントニオ猪木って、司会がうまいんだ」と思ったら、実は「猪木」ではなく「イノッチ」(=井ノ原快彦さん)の聞き間違いだったという人がいます。

聞き間違い。
ときには、電車の中の退屈な時間を、マーベラスな時間に変えてくれることもあるようです。

将来の夢は？

22

将来の夢は？

子どもの作文のテーマとして定番中の定番です。

私が子どものころは、男の子なら「スポーツ選手」とか「学者」、女の子なら「ケーキ屋さん」とか「看護師」なんていうのが多かったように思います。

最近は、時代を反映して、「プログラマー」「ブロガー」などの夢も上位とか。

世の中の変化が早すぎて、今の子どもが大人になるころには、「プログラマー」も「ブロガー」も職業として存在していないのでは、と心配になってしまいます。

そう言えば、イチローが小学生のときに「ぼくの夢」として、「一流のプロ野球選手になること」と書いたのは有名な話ですよね。

でも、世の中、イチローのように生意気な……ではなく、しっかりした子ばかりではありません。

中にはスットンキョウな夢を抱《いだ》くお茶目な子もいます。

私が聞いたことがある、笑える「子どもの将来の夢」は、たとえば……。


「将来の夢、ピカチュウ」


ピカチュウを飼いたいではなく、ピカチュウになりたいというところがすごい。

昔の子が「仮面ライダーになりたい」と言ったのと同じノリなのでしょうか。

私には、将来の夢、「怪獣」という友だちもいたなぁ。


「将来の夢、冷蔵庫」

なりたいか！　冷蔵庫に！　冷蔵庫になればいつでもお腹いっぱいというイメージなのかしら？

「将来の夢、カレー」

いや、好きな食べ物じゃなくて……。

将来、カレーになって食べられたいのか？　人に。

最近、知人から聞いた「子どもの幼稚園の友だち」の将来の夢は、「セロテープ」でした。

聞いたときは、「将来、セロテープになりたい」ってあなた……と思ったのですが、その理由を聞いたら、逆に感心してしまいました。

その幼稚園の男の子、自分が将来、セロテープになりたい理由としてこう言っているのだそうです。

「セロテープになって、たくさんの人と人をくっつけたい」


おおっ！　なんか、理由はカッコいいぞ！

私が、「この人とこの人を知り合いにしたら、何か面白い化学反応が起こるのではないか」って、そんなことを考えて、人と人を引き合わせるようになったのは、つい最近のこと。

なのに、その子は幼稚園児でありながら、「人と人をくっつけるセロテープになりたい」とおっしゃる！

もしかして、すごい子なのでは？

「私は、人と人を結びつけるセロテープでありたい」って、聞きようによっては、世界の偉人レベルの名言ですよね。その幼稚園児の将来が楽しみです。

あなたが子どものころの将来の夢は何でしたか？

えっ？　平凡なオトナ？　夢がかなっておめでとうございます。

23 4月1日に気をつけろ!

２０１７年４月１日。私は自分のフェイスブックにこんな内容の書き込みをしました。

『速報です!　今、出版社から連絡がありました。

私の本、『「読むだけで売れる」魔法の物語』(産業編集センター)が、スタジオジブリで劇場用長編アニメとして映画化されることになりました!

なんと、女優の有村架純さんが主人公の明日香の声を演じてくれるとのこと!

公開は来年の夏だそうです。

今日は、私にとって記念すべき日になりました。

えーと。２０１７年の……、４月１日か…………。』

まさかのスタジオジブリでのアニメ化、しかも声優は、まさかまさかの有村架純さんとすれば、きっとウソだとわかってくれると考えたわけです。

それでも、もしや信じる人がいてはいけないと思って、最後に「4月1日か…………………」と入れたのですね。

最初に書き込みがあった数人は、エイプリルフールだと気がついて、「私にも声優のオファーがあった」とか「前売り券、買いました」とノッてくれました。

ところが……。

「おめでとうございます！」とか「これは大ニュース！」など、ノッテくれているのか、信じてしまったのかわからない書き込みが増えてきて、「んっ？　まさか信じてしまっているのでは？」と心配になってきました。

果ては自分のフェイスブックのタイムラインにシェアする人まで現れてしまい、あわてて、「エイプリルフールです～」と、ネタばらしをしたのでした。

私の知人に沖縄出身の方がいるのですが、4月1日に花見に行ったとき、友だちの1人から「ねえ、沖縄ではセミを食べるって本当？」と尋ねられたそうです。

彼は、内心、「そんなわけないだろ！」と思ったのですが、偶然にもエイプリルフールだったので、ノリノリでジョークを言いまくったそうです。

「ああ、小さいころ、よく捕まえて食べたよ。誕生日にケーキの上に載っけてもらうのが1番のご馳走だったよ〜！」

「懐かしいなあ、セミの養殖場はまだあるのかな？」

「オスのほうが、苦味が効いていて美味しいんだよね」

「台湾ゼミが大きくて食べ応えがあったよ」

はははっ。

よくもまあ、その場でこれだけ口から出まかせが言えたものです。

実際には、沖縄の島の一部でセミを食べることがあるようですが、そんなことは知ったことではありません。

エイプリルフールにオイシイ質問をした友だちのほうが悪い（笑）。

さて、前年に騒動になりかけた私のフェイスブック。

翌年の書き込みはこちら。

『去年の今日、4月1日、ここでご報告した、私の本『「読むだけで売れる」魔法の物語』がスタジオジブリで映画化される話。その後、映画化権がハリウッドに移って実写に変更。主人公の明日香はエマ・ワトソン、カリスマ販売員の川淵はジョニー・デップが演じてくれることになりました。』

さすがに、ここまで飛躍すると、最後まで読んでエイプリルフールだと気がつかなかった人はいませんでした。

よかった、よかった。

エイプリルフールにＳＮＳでジョークの１つもないのは寂しいので、来年も何か書き込むつもりです。

くれぐれも信じて、家族に言ったり、シェアしたりしないでくださいネ。

24 猫へのインタビュー

第1章でご紹介したギャグ漫画の天才、赤塚不二夫さん。

その赤塚センセイの懐かしい作品に『もーれつア太郎』があります。

私は、その中に出てくる、人間の言葉をしゃべる、「ニャロメ」という名の猫のキャラクターが大好きでした。

人間の女の子を見ると、「オレとケッコンしろ、ニャロメ！」と言いよるという、今、考えればとんでもないキャラ。

『もーれつア太郎』の主人公は、タイトルのとおり、子どもながらに八百屋をやっているア太郎なのですが、完全にニャロメに人気をさらわれていましたね。

そんな『もーれつア太郎』にこんなシーンがありました。

ア太郎がバナナを手に持って、ニャロメに言います。

「バナナって言えたら、これをやるよ」

「バニャニャ」

「バニャニャじゃないよ、バナナだよ」

「バニャニャ！」

「バナナだって」

「バニャニャ！」


何しろニャロメはネコなので、「バナナ」が「バニャニャ」になってしまうのですね（って、まあ、普通のネコは「バニャニャ」も言えませんけど……）。

それにしても、ネコに「バナナって言ってみな」というシーンを発想するだけでもスゴイし、それに対してネコが「バニャニャ」としか言えないってあなた……。

赤塚センセイ恐るべし！

とても凡人に考えつくシーンではありません。


さて。

以前に渋谷で行なわれた、シュールな作品ばかりを集めた美術展覧会で、「音声だけの芸術」というものを観た……ではなく、聴いたことがあります。

作者はマルセル・ブロータス。

タイトルは『猫へのインタビュー』。

音声だけの作品なので、展覧会ではちょっとした小部屋にステレオが用意され、音を聴いて鑑賞します。

内容は、「男が猫に対して、現代アートについてのインタビューをしている」というもの。

解説によると、その会話の内容は次のような感じ。

男「これは果たして、よい絵だと言えるのでしょうか?」

猫「ニャ〜オ」

男「本当にそうだとお考えなのですか?」

猫「ニャ〜〜オ」

こんな、男と猫のやり取りが４分55秒も続くのです。

無理やりに「意味」を求めれば「そもそもインタビューなんて、かみ合わない不毛な会話」という批判でしょうか。

あるいは、「現代アートは、ようわからん」という皮肉でしょうか。

でも、この作品の意味なんて、考えるほうが野暮なような気がします。

この作品が発表されたのは１９７０年とのこと。

奇《く》しくも赤塚センセイが『少年サンデー』に『もーれつア太郎』を連載していた時期も１９６７年から１９７０年にかけて。つまり、まったく同時期。

もしかして、ブロータス、おぬし、『もーれつア太郎』の「バニャニャ」のシーンを読んで、パクりおったな！　……とは、これっぽっちも思いませんが、面白い偶然ですニャ。

25 持ってる男

あり得ないほどの幸運やチャンスが、「まるで普通のこと」のようにめぐってくる人のことを「持ってる人」なんて表現しますよね。

たとえば、プロ野球で、不思議とチャンスに打席が回ってくるような選手は、「あの選手は、持ってる」なんていいます。

この表現。

スポーツ選手や、一般人の場合は、ラッキーなことにめぐまれる人に使います。

しかし、お笑いタレントや芸人の場合はまったく逆。

つまり、ラッキーではなく、アンラッキーがタイミングよくやってくる人のことを「持ってる人」と呼ぶのです。

いわゆる、「オイシイ」という状態ですね。

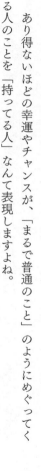

ある男性タレントは、奈良を舞台にした宝探しのようなテレビ番組の企画で、やっとゲットした宝の地図を、偶然に通りかかった鹿に、あろうことか食べられてしまいました。

「地図、食べられた～」と嘆くタレント。

それが視聴者にドカンとウケて、一躍人気者になりました。

そんな、お笑い芸人ならではの「アンラッキーの運」を「持ってる」1人が、お騒がせカッコつけタレント、狩野英孝《かのえいこう》さんです。

たとえば、彼が、あるバラエティ番組で『情熱大陸』のパロディとして密着取材を受けたときのこと。

車を運転しながら、カッコつけてインタビューに答えるという場面。思い切りシブイ表情で、芸人としての人生論を語っているときに、奇跡は起こりました。

彼が、「**プロは、とにかく走り続ける。止まっちゃいけないんだ！**」と言ったその瞬間、車のカーナビから、こんなアナウンスが流れたのです。

『およそ6キロ先、渋滞があります』

ははは っ。
渋滞じゃ、止まらないわけにはいきませんな。
それにしても、神がかったタイミング。
もう、バッドタイミングの運を「持ってる」としか言いようがありません。

と、ここでウラ話。

この狩野英孝さんの渋滞話、実は私、ある本の原稿として、すでに1度書いたことがありました。
で、その本の初校ゲラ（誤字脱字などをチェックするための試し刷り）のチェックを終えて、再校の確認も終了。そろそろ出版に向けた最終段階、というタイミングで、彼、女性スキャンダルを起こして謹慎処分になったのです。

それを受けて、「謹慎処分になったばかりのタレントのネタはさすがにそのまま出版しにくい」という出版社の判断によって、急きょ、ギリギリのタイミングで原稿を差し替え、事なきを得ました。

本に載せるために、彼がハンドルを握っているイラストまで用意されていたのですが、原稿とともにボツになってしまいました。

狩野ーっ！　バッドタイミングすぎるやろーっ！

まさか、また、この原稿が陽の目を見る直前に何かやらかさないですよね。

今、あなたがこうして読んでいるということは、無事に本が出たということですよね……と、疑心暗鬼になる私。

もし、これでまた狩野がぎりぎりのタイミングで不祥事を起こしたら、私もまた、相当な「アンラッキーの運」を「持ってる人」……ということになりますね。

26

「そのままにしておいてください」

日曜日夕方の人気番組『笑点』。

私は、子どものころからずっと好きで、今でも毎週録画までして観ています。

この『笑点』の代名詞とも言えるのが「大喜利《おおぎり》」のコーナーですよね。

それぞれのメンバーがそれぞれにキャラづけをしていますが、私の中で、一番面白い回答者は、子どものころからずっと林家木久扇《きくおう》さんなのです。

自分の回答がウケないときの「ウケねぇじゃねぇか」なんて、もう必殺技に近い。

あるときは、司会から座布団を取られるときに、「一生懸命やってるのにぃ」ってぼやいて笑いを取っていました。

さて。

これは、そんな木久扇さんが高座でもよくネタにしてしゃべっている、八代目林家正蔵《しょうぞう》師匠（のちの林家彦六師匠）の弟子だったころの話。

師匠の正蔵さんは怪談噺が得意だったんですね。

当時、怪談噺というのは、「怪談芝居噺」と呼ばれていて、前座さんが幽霊に扮して出てきたり、人魂《ひとだま》を飛ばしたりして、演出したそうです。

人魂って別名「火の玉」。昔はまだ「消防法」が甘かったので、寄席で直火《じかび》を使ったんだとか。

脱脂綿を丸めたものに焼酎をしみこませて、それを釣り竿につけた針金で吊って、火をつけて前座さんが操《あやつ》ってゆらゆらと飛ばす。

釣り竿は黒く塗っているし、針金は細いから、高座を暗くすると、本当に人魂が飛んでいるように見えたそうで。

ある日のこと。

いつものように舞台そでから釣り竿で人魂を操っていた若き日の木久扇さん。もう、すっかり慣れて、先輩とヒソヒソとムダ話なんかしながら適当に操っていました。

そうしたら、怪談をしゃべっている正蔵師匠に人魂が近づきすぎて、なんだか危ない。

お客さんも「あれ師匠に燃え移るんじゃないの？　危ないんじゃない？」なんて心配になってざわざわ。

一方、正蔵師匠は、お客さんが「危ない」とか「怖い」とか言っているのが聞こえて、これはウケていると勘違いして、いよいよ熱演します。

「いずれの山寺で打ち鳴らすのか、鐘の音が。陰にこもってものすごく。……熱ちいいぃいいぃいいぃ！」

って、とうとう髪の毛に燃え移っちゃった。

昔は頭にポマードなんかつけていましたから、ボウッ燃えて威勢がいい。

「熱い、熱い」と高座で、のたうち回る正蔵師匠。

お客さんが「火事だ！」

慌てて前座が消防署へ電話します。

「すみません！　高座で師匠が燃えてるんですけど！」

消防署のほうも聞いたことがない事態に驚いて、

「すぐに行きますから、そのままにしておいてください！」


ははは。

まあ、話の後半は木久扇さんが話を盛っているのかもしれません。

それにしても、なんだか、とても大らかでいい時代だったと思うのは私だけでしょうか。

ただ、どんなに大らかな時代でも、師匠に火をつけちゃいけません。

そして、火の玉……ではなく、火を扱うときは、目を離さないことが大切ですね。

火の用心　火の玉1つ　火事のもと。

おあとがよろしいようで……。

（参考『林家木久扇バカの天才まくら集』林家木久扇著　竹書房文庫）

「目が覚める、少しほろ苦い話」

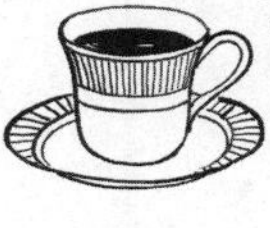

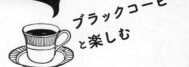

ブラックコーヒーと楽しむ

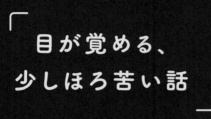

27 早朝のカフェで

以前に私が目撃した話です。

その日の私は、会社に出勤の日。

会社の日は、早朝、6時半には会社近くのカフェに入って、出勤前に原稿執筆をするのがいつものパターン。

その日も、6時28分には、開店前のいつものカフェの前に着きました。

オープンは6時半なので、開店の2分前ですね。

店の前には、私の他に、すでに、いつも見かける常連さんが1人。店員さんが、入口のガラス張りの自動ドアの電源を入れてくれるのを待っていました。

オープン時間になると、店員さんが電源を入れてくれて、中に入れるようになるのです。

さて。開店時間1分前。

そこに、1人のオッチャンがやってきました。そうですねぇ、歳は50代後半でしょうか。

そのオッチャン、カフェの中の明かりが点いているので、もう開店していると思ったのでしょう。

先に待っている私たちを無視して、自動ドアの前に立ちます。

しかし、もちろん自動ドアは開きません。

それはそうです。電源が入る前の自動ドアですから。

オッチャン、「おっ？」という感じで、その場で足踏みをすること数回。もちろん、足踏みしようが、逆立ちしようが、開かないものは開きません。

するとそのオッチャン、なんと、**ドアに手をかけると、力づくで、開けてしまったのです。**

ええっ！　開くんだ、自動ドア！

そして、オッチャン、店内に向かってひと言。

「いい？」


「いい？」も何も、そう言いながら、どんどん店の中に入っていくし……。

店員さんにしても、入ってきたお客さんを開店1分前に追い出すわけにもいかず、しかたなくオーダーを受けていました。

その後、めでたく自動ドアの電源が入り、私も入店。

コーヒーをオーダーして席に着くと、向こうの席にはフライングで入店したさっきのオッチャンが。

見ればオッチャン、コーヒーを飲みながら、ずーっと、せわしなく貧乏ゆすりをしているではありませんか。

う～む……。

その姿を見ながら、私はしみじみと思ったのです。

「落ちつきがなくて、イライラとしてる人」というのは、こんなにも、「みっともないもの」なのか……。

かく言う私も、実は「隠れせっかち」。

開かずの踏切で待たされたり、飲食店でオーダーした料理がなかなか来なかったりすると、イライラすることがあります。

待っている時間に、本を読んでいるとか、原稿を執筆しているのならいいのですが、手持ち無沙汰だと時間をムダにしているような気がしてしまうのです。

そういうとき、もしや、あのときの「自動ドア強行突破」のオッチャンのように見苦しい姿を世間様にさらしているかも……。

人の振り見て我が振り直せ。

オッチャン、悪い見本を見せてくれてありがとう！

28 一流料理人の三流店

テレビの情報番組を見ていると、よく、こんなコーナーがあります。

「一流料理人が伝授。家庭料理を一流店の味に変えるコツ！」

これは、そういうコーナーにしばしば登場する、「和食の一流料理人」が経営する大衆割烹料理のお店で、かつて私が目撃した話。

その料理人のお店は都内某所。

夜は値段が高くなりますが、ランチはとてもリーズナブル。

そこで、その日、私はそのお店でランチをすることにしたのです。

店内は白木のカウンターとテーブル席。

ランチタイムがスタートして早々に１人で店に入った私は、カウンター席に陣取りました。オーダーはたしか１２００円くらいの焼き魚定食か何か。

しばらくして出てきた定食は、炭火で焼いた感じの白身魚の照り焼きと、ご飯、みそ汁。そして、小鉢が１つというシンプルなもの。

と、そこまではよかったのです。

ところが、さあ、食べようか、と思ったところで、カウンターの中から大きな声が響いたのです。


「ばかやろー、早くしろ！　何やってんだ！」


どうやら、見習いの店員をベテランの板前がしかっている。

それほど広い店ではないので、その怒鳴り声が店内に響いているのです。

もう、この瞬間から、私にとって、このお店は二流店に格下げ。

ご飯の炊き具合がどうだとか、魚の焼き加減とか、そんなものはどうでもよくなって、一刻も早く店を出たくなってしまいました。

事実、味は何1つ覚えていません。


それはたしかに板前の修行なので、厳しく指導するのはいいです。

でも、お客の前ではぜったいにやらないで欲しい。やった途端に、食事中のお客さんは不快になります。

お客さんを不快にさせた時点で、どんな一流の料理人の店だろうが、どんなに美味しい料理を出そうが、二流店、いや、三流のお店ですよね。


実はこの話、かれこれ20年くらい前の話。

とても行きやすい場所にあるお店なのですが、私は2度と行っていません。

そのお店の店主は、20年経った今も、テレビ番組で「おかずを美味しくするプロのコツ」なんていうコーナーでしょっちゅう顔を見ます。

私は、その顔を見るたびに、20年前の体験を思い出して、「料理について、エラそうに何をどう言っても、あなたのお店は三流だから」とツッコミを入れてしまうのです。

まったく同じ理由で、店員同士の私語が多い店も苦手です。

店員同士で仲がよいのはいいんです。でも、お客の前で歯を見せて私語をしているのはどうでしょう。

そういうお店は、たいがい、店員がお客さんに注意を払っていないので、オーダーしようと思っていくら手を挙げても気がついてもらえません。最後は、周りの目を気にしながら「すみませーん」と叫ぶ羽目になります。

ホテルの接客では、**「お客様から声をかけられたらアウト」**というそうです。

まあ、そこまでは期待しませんが、**料理が美味しいお店の接客が残念なものだと、実にもったいない**と思ってしまうのです。

29 隣の客は……

カフェでパソコンを開いて、本の原稿の執筆をしていると、**隣の席に座った人たちの人生模様を目撃すること**があります。

たとえば、渋谷の駅ビル内にあるカフェで執筆していたとき。

隣の席に新人アイドルとそのマネージャーらしき2人が座ったことがありました。

私のすぐ右横の席に座ったのは、派手な服装の女の子。どう見ても10代。その子の正面には、いかにも業界人風の20代後半くらいのお兄ちゃん。

どうやら、マネージャーであるお兄ちゃんが、アイドルの女の子に、前月分の仕事の支払い明細書を渡しているようでした。

女の子は私のすぐ横に座っているので、横目で見ると、支払い明細書に印刷されている女の子の名前（たぶん芸名）や「〇〇出演料　３０００円」などの文字が読めるんですね。

一見して、とにかく細かくて安い仕事が多い。思うに、無名アイドルグループの中の１人という感じでしょうか。大変ですなぁ。

あとで調べてみようと思って、芸名をパソコン内にメモする、ミーハーな私。

そのうち、女の子がマネージャーに自分のスマホを渡して、「ね〜、写真撮って〜」。

マネージャーが、パフェと女の子をカシャリと撮影しておりました。

あとで名前を検索してみたら、やはり「頑張っている無名のアイドル」という感じのブログが出てきました。

そして、その最新の書き込みには、私のすぐ横で撮った写真とともに、「お仕事終わり、渋谷のカフェでーす」とのメッセージが。

私の肩が、ちょっとだけ写真に写っていたりして（笑）。

京王線の某駅前にあるカフェで執筆していたときは、隣に座った2人がのっぴきならない会話を始めました。

どうも、1人は中小企業の社長さん。もう1人はそこの従業員らしい。社長さんは50代くらいで背広姿。従業員のほうは40代くらいで作業服。

では、その2人の会話をライブでどうぞ。


「あらたまって相談があるって、何かな?」

「ああ、えーと、その、ちょっとヤバイことになりまして……」

「んっ? 何?」

「えーと、その~。呼び出しをされてしまいまして……」

「どこから?」

「あ~、その~、裁判所から……」

「えっ? 裁判所? 何かやったの?」

「実はその~、ケンカを……。ちょっと、酔ってまして……」

「なに? 酔っぱらってケンカしたの? 殴っちゃった?」

「はい、少し……」

「ケンカっ早いんだ」

「いえ、別に、そうぃうわけでは」

「しょうがないなぁ。できるだけのことはするけど……。示談にはできないんだ」

「それが、その〜。初めてじゃないんですよね」

「えっ？　２度目？　いつ？」

「その……。今、まだ、執行猶予中で……」

「執行猶予中なのか！　２回目は、裁判所も厳しぃよ。ヘタすると牢屋行きだよ」

「そうですかねぇ。へへ……」


すぐ隣で、こんな会話をされてご覧なさい！

もう原稿執筆どころではありませんぞ！

これはいつか、原稿のネタになるかもしれないと思って、会話の内容をメモってしまいました！　……って、こうやって本当にネタにしていますが。

袖《そで》すり合うも他生《たしょう》の縁と言いますが、カフェで隣同士になるのも何かの因縁。**意外な人生模様を垣間見られることがある**のでした。

30

悪印象は「一生モノ」

漫画家の友人から、こんな言葉をかけられたことがあります。

「漫画家になるための登竜門である新人賞をとったとき、その受賞作の原稿を見た君（私のこと）が、ラストのセリフについて、『このセリフがラストでなかったら新人賞を取れなかったかも。それほど素晴らしいセリフだ』って言ってもらったのを今でも覚えている。そう言ってくれて嬉しかったなぁ」

そんな感想を言ったことをすっかり忘れていた私は、彼の言葉を聞いて、もう、冷や汗モノでした。

な……、なんという上から目線……。生意気すぎる……。

彼が性格のいい男で、喜んでくれたからよかったものの、聞きようによっては、気を悪くしても不思議ではない失礼な言葉です。

アブナイアブナイ。

人の記憶とは不思議なもので、言った本人が忘れている言葉も、聞いた相手の脳にはいつまでも記憶が残っていることがあります。

そして、そのタイミングが「初対面」での会話だったりすると、**そのときに言った言葉が、相手から見た「自分の印象」のすべてになってしまったりする。**

「吐いたツバは飲めぬ」ということわざもありますよね。

幸い、漫画家の彼は、初対面の相手ではなく、そのうえ、私の言葉によい印象を持ってくれましたが、逆に悪い印象を持つ可能性もあったわけで、「これは注意しなくては……」と思った次第です。

ある中堅お笑い芸人。

まだ若手のころ、「自分は周りのお笑い芸人と違って、面白いし、頭もキレる」

と自負していました。

たしかに彼は、番組の中で気の利いたコメントをし、司会者から振られた話の返しもうまく、同世代の芸人たちの中では頭1つ抜けたポジションでした。

天狗になった彼は、若手の番組スタッフとの打ち合わせでは、「どうせ、コイツらは笑いのことなんてわかっていない」と内心で小馬鹿にし、ほとんど話を聞かないなど、失礼な態度を繰り返していたのです。

さて。

そんな彼も、今では、若かったころの自分の態度を反省し、スタッフへの態度もすっかりやわらかくなりました。

しかし、実力があるにもかかわらず、中堅になった今でもレギュラー番組は1本もありません。

なぜ、そんなことになってしまったのでしょう？

理由は明確。今さら態度を変えても、もう、遅かったのです。

若いころに、彼に冷たい態度を取られた、たくさんの若手スタッフたちは、そのときの悪印象を十年以上経った今でも昨日のことのように覚えていました。

そして、自分で番組を持つようになった今、「アイツだけは絶対に自分の番組には呼ばない」と誓いを立てていたのです。

若いころの横柄な態度……。

その代償は「一生モノ」だったというわけです。

天狗になって、相手が不愉快に思う態度を取ることが、どれだけ厳しいしっぺ返しをくうハメになるか……。

コワい話。実力がある人ほど陥りやすい落とし穴ですね。

彼とは逆に、若いころ、番組スタッフが失敗したときも笑って許していたあるお笑い芸人は、今、テレビで見ない日はないというくらいの売れっ子になっています。

周りへの気づかいと感謝が、あるか、ないか。

それによって、未来は変わるのですね。

31 児童会長選挙が教えてくれたこと

私の知人で、本を何冊も出されている方、仮にAさんとしましょう。

そのAさんが子どものときのほろ苦い経験です。

Aさんが小学校6年生のとき、学校での児童会長を決める選挙があったそうです。

少し大人びていたAさん。

「小学校の児童会長なんて、正直、何の権限があるわけでもなく、ただの名誉職。そんな選挙、馬鹿馬鹿しいだけ」なんて思っていました。

とは言え、「日本という民主主義国家において、重要な仕組みである選挙制度を、小学生に体験させ、立派な社会の一員になれるよう教育しようとしているに違いない」と解釈し、ちゃんと**「児童会長にふさわしい人物に投票しよう」**と考えたのだそうです。

さて。

選挙では、自分のクラスからはB子さんが立候補。

そして、隣のクラスからはC夫くんが立候補しました。

担任の女性の先生は、わがクラスから児童会長を出そうと、張り切ってB子さんの応援をし、クラスの生徒たちに、「選挙ではB子さんに投票するように」と呼びかけていました。

しかし、ここでAさんは疑問を感じたのです。

「ウチのクラスのB子と、隣のクラスのC夫では、人格も知性もどう考えてもC夫のほうが優れている。それなのに、**同じクラスだというだけでB子に投票するのはおかしい**のではないか？」

そう考えたAさんは担任の先生の言葉を無視して、C夫くんに投票をしたのです。

選挙結果は、B子さんは落選、C夫くんが当選。

Aさんの行動は、担任の先生の逆鱗《げきりん》に触れました。

Aさんはホームルームで槍玉《やりだま》に上げられ、担任から「A君みたいな人がいるから、クラスが団結できないんだ！」と、激しく罵《ののし》られたそうです。

Aさんは、そのホームルームの様子をこんなふうに言っています。

「クラス中のみんなが自分のほうを向き、口々に自分を非難していた。あまりの人数で、何を言っているのかはまったくわからない。それはそれは凄まじい光景だった」

そんなホームルームで、Aさんは確信したのです。

「そうか、この児童会長の選挙は、民主主義の訓練という形をした、全体主義の訓練だったのだ」

自分は何を浮かれて無邪気に「民主主義の訓練か」などと勘違いしていたのか。なぜ、何の考えもなく、まともに投票をしてしまったのか……。

しかし、Aさんは今でもC夫くんに投票したことは「正しかった」と確信しているそうです。

自分が犯した過ちは、「C夫くんに投票したこと」ではなく、**「正しい投票をすることに、それなりの覚悟を持っていなかったこと」**だったと。

間違っている多数派のなかで、正しいことを貫くのには、信念が必要です。

そして、**周りから嫌われる勇気**も。

私はこの話を、現在のAさんのSNSへの書き込みで知りました。

このAさんの書き込みには、私をはじめ、たくさんの人たちから「Aさんの行動を讃《たた》える書き込み」が寄せられました。

小学校6年生が体験するには、かなりツラいシチュエーションでしたが、Aさんの行動はウン十年経った今、賛同者を得たのです。

「善はただ1つしかない。それは自分の良心に従って行動することである」（シモーヌ・ド・ボーヴォワール　フランスの女性作家・哲学者）

32 ある日、机に花があったら？

ある日。
学校に登校してみると、あなたの机の上に花瓶が置いてあって、花がささってい
たら……。
昔のドラマなどで見かけた、学校でのイジメの定番風景ですね。先日も、あるド
ラマの再放送を見ていたら、そういうシーンが放送されていました。
このイジメ。たぶん花を置いたほうは、それほど大それたことをやっているつも
りはありません。
でも、されたほうの子が、もし繊細な心の持ち主だったら、そのまま不登校にな
りかねないくらいショックを受けるのではないでしょうか？

この「机に花を置く」という行為自体が、卑劣で心ないというのは、もちろん言うまでもありません。

でも、もしそんなことをされたとき、**やった相手が期待したとおりに落ち込むなんて、まさに相手の思うツボ。喜ばせるだけです。**

それって、なんだか悔しいではありませんか！

じゃあ、いったい、どんなリアクションをすれば、花を置いた輩《やから》をガッカリさせて、シラケさせることができるのでしょう？

ドラマの再放送のシーンを見ながら、つい、そんなことを妄想してしまいました。

飾ってある花を見て、あなたがさぞや落ち込むと期待していたイジメっ子たちを、骨折り損のくたびれ儲けにさせる。

「くそーっ、花代を返せ！」って言いたくなるようにさせるには。

たとえば、こんなリアクションはいかがでしょう？

「あっ、きれいな花！　みんな、ありがとう！　この花、持って帰っていいんだよね！」

こんなことを言って、授業中もずっと机に花を飾ったまま、平然と過ごしたらどうでしょう？

イジメに気がつかない「天然ちゃん」のフリですね。

ものすごく「イジメ甲斐がない」に違いありません。

この、ウソ天然の平然ワザ。

会社で、自分のストレスを部下イジメで解消しているような「クラッシャー上司」から「まるでイジメのような」指摘を受けたときも使うことができます。

もし、あなたが作成した書類に、理不尽なイチャモンをつけられたりしたら……。

ニッコリと笑って「ご指導、ありがとうございます！」って切り返してみましょう。

そして、一歩進めて、「もしよろしければ、どこが悪いのか、具体的に教えていただけますでしょうか？」なんて、元気よく言っちゃいましょう。

相手の目的が自分のストレス解消なら、そもそも大した根拠はなくて、「イチャモンのためのイチャモン」をつけているだけです。

なので、あなたに屈託のない顔でそんなことを言われたら、「ううっ、なんてイジメ甲斐のないヤツ」って、すっかりやる気をなくして、「まあ、これでもいいか……」と言ってくれるかもしれません（相手がクラッシャー上司でなかったり、ホントに書類の出来が悪かったりするときは、もちろん、ちゃんとアドバイスもらいましょうね）。

いわゆる**「鈍感力」が、イジメてくる相手をシラケさせます。**

そして、「イジメをする人は、自分の心のストレスを、自分より弱い相手に向けるしかない哀れな人」と考えて、心の中で、相手にしないこと。

「はいはい、ストレス解消ね。どうぞ、私で解消してチョ」って、上から目線のボランティア精神を発揮するのがよいのではないでしょうか。

33

満員電車のストレスは……

私の友人のAさんが体験した、ほろ苦いというか、少し怖い話。

その日、Aさんは京王線の満員電車に揺られ、明大前で下車。井の頭線に乗り換えようとして、エスカレーターに向かって歩いていました。

大混雑で後ろも前も人が詰まっていたそうです。

で、Aさんのつま先が、前を歩いている男性のかかとにコツンと少しぶつかったんですね。

人が詰まっていて前の男性の歩くペースが落ちて、軽くぶつかったのです。

すると、その前の男性、エスカレーターに乗ってから、2回も後ろを振り返ったそうです。

別にAさんにイチャモンをつけてきたわけではありません。

しかし、Aさんはその振り返り方に悪意を感じたそうです。

エスカレーターの下の狭いホームは大混雑で、そこにエスカレーターから次々と人が降りていて、はっきり言って危険な状態でした。

エスカレーターからホームに降りた人たちは、何とか前に進んでいましたが、今にも将棋倒しになりそうな感じ。Aさんは危険を感じて、前の男性の横をすり抜けて、エスカレーターの下から素早く離れようとしました。

と、そのとき……。


Aさんは左足のくるぶしあたりを、思い切り後ろから踏みつけられたのです。

最初は自分のように「後ろの人が偶然に踏んでしまったのだろう」と思ったそうです。

しかし、同じ場所をもう1回踏まれます。

続けてもう1回。

もう、疑いの余地はありません。

さっきAさんのつま先がかかとに当たった男が、Aさんの足を故意に踏んできているのです。

4回目に踏まれたとき、Aさんは相手に対して激しい怒りを感じたそうです。

しかし、それよりも後ろから押し寄せてくる人たちからの危険回避のほうを優先させて、その場を離れたのです。

Aさんは、普段はとても温厚な性格です。そのAさんが、「もしあのとき、後ろから人が押し寄せてこなければ、振り返って、その男に『てめえ、わざと踏んでんじゃねぇ』と言っていたと思う」と言っていました。

正直、話を聞いたときは、衝撃でした。

それは、とても普段のAさんとは思えない過激な言葉だったからです。

満員電車に乗っているときのストレスは、戦闘機に乗って臨戦態勢に入ったパイロットのストレスよりも大きいのだそうです。

まさか、これから命がけで闘おうというパイロットのストレスよりも上とは……。

実はここに1つポイントがあって、なぜ、臨戦態勢のパイロットのストレスのほうが満員電車のストレスよりもマシなのかというと、「**自分で何とかできる可能性があるから**」なのだとか。人間は「**自分ではどうしようもないとき**」に**より大きなストレスを感じる**のだそうです。

それにしても、満員電車のストレス、恐るべし！

ちょっと足がぶつかったくらいで、相手の足を何度も踏みつけてきたり、それに対して温厚なAさんに過激な考えを抱かせたり……。

「些細なこと」から「乗客同士」のトラブルになる可能性が高いわけです。

あなたは、通勤などで満員電車に乗っていますか？

もし、乗っているなら、「今の自分は戦闘機のパイロットよりストレスフルな状態」なのだと意識するくらいのほうが、余計なトラブルに巻き込まれないかもしれません。

可能なら、少しでもストレスが軽くなるように、**「今の自分は、日本の満員電車を体験しにきた外国人観光客」という想像をしてみる**のも1つの手です。

連載エッセイを始めると…… 34

エッセイ『聞く力』（文春新書）など、今や、大ベストセラー作家である阿川佐和子さん。

何しろ、お父さんは作家（＝阿川弘之《あがわひろゆき》）でしたし、著書もたくさんあって、さぞや、書くことは得意なのだろうと思いきや、「出版社から連載エッセイを頼まれたとき」には、引き受けるかどうか、たいそう悩んだのだそうです。

阿川さんが悩んだのは、もしかしたら、子どものころに、締め切りの前にイライラしているお父さんの姿を見ていたからかもしれません。

果たして、連載でエッセイを書くことが自分にできるのか？

連載に穴を空けてしまうのではないか？

そもそも、書くことがすぐになくなってしまうのではないか？

いろいろと悩んだ阿川さん。

親友であり、すでに連載エッセイを経験している女優の檀ふみさんに、「連載エッセイはツラいのではないか？」と疑問をぶつけてみたとのこと。

阿川さんから相談を受けた檀さんの回答は、次のようなものでした。

「たしかに、毎週連載の原稿を書くことは、それはそれはツラい。本当にツラい」

その言葉を聞いた阿川さん。

あっ、やっぱりそうなんだ。これは、連載の依頼はお断りしたほうがいいかな、と思ったのです。

しかし、檀さんは、こう続けたのです。

「でも、(週刊誌の連載を持っていると)週に1回、必ず幸せになれる!」

檀さん曰く。

「連載の原稿を書き終えた日に、『これほど幸せな気持ちはない』というほどの思いになる。そんな幸せが週に1回、必ずやってくるのは、とても楽しみだった」

この言葉を聞いた阿川さん。

「1週間に1回、そんな幸せがくるなんて素晴らしい!」と考えて、週刊誌からの連載エッセイの依頼を引き受けることにしたのだそうです。

そして、実際に連載エッセイを経験してみて、阿川さんは、檀さんの言葉にウソはなかったと思ったのだとか。

不安はあったけれど、やってみたら素晴らしいことが待っていたのですね。

以前にネットで放送されている番組に出演したときのこと。

いつも、その番組の司会を明るく楽しくやっている方が、生放送の直前に、「この瞬間はいつも口から心臓が飛び出しそうになるんですよ」とつぶやいていました。

また、知人で、1000回以上も講演会を行なっている方は、「実はビビリで、講演の前はいつも死ぬほど緊張する」と言っていました。

ベストセラーエッセイストの阿川佐和子さんも。

いつも、番組を盛り上げているMCさんも。

ときには2000人の前で堂々と講演をしている人も。

傍《はた》から見ていると、余裕でこなしているように見えても、実はみんな、**不安な気持ちを抱えながら、それを乗り越えて……楽しんでいる**のですね。

何かにチャレンジするとき。多かれ少なかれ「不安」はあると思います。

でも、その**「不安」を乗り越えてやってみると、必ずといってよいほど、「達成感」と「喜び」がある。**

かく言う私もチキンハートなので、講演とか番組出演とかを依頼されると、実は内心ビビっています。ただ、いつも「やったあと」の乾杯が美味しくて引き受けてしまうのでありました。

35 科学的に「いい1日にする方法」

「スコトーマ」という言葉をご存知でしょうか？

「ああ、玉ねぎと一緒に炒めると美味いヤツね」って、それは「豚こま」。

そうじゃなくて、「スコトーマ」。

「盲点」という意味だそうです。

脳科学では、この「スコトーマ」という機能がないと、人間は「脳の使いすぎ」ですぐに死んでしまうとのこと。

どういうことなのかというと、私たちは目や耳でとんでもない数の情報に触れていますよね。

そのすべてを認識してしまったら、脳はあっという間にパンクしてしまう。

そこで、**入ってくる情報のすべてを認識しないように遮断してくれる**のが、この「スコトーマ」という機能なのだそうです。

ほら、たとえば「目をつぶってください。よろしいですか？　では、お聞きします。この部屋の中に赤いモノは何があったでしょうか？」って問われても、「えっ？　何があったっけ？」ってなりますよね。

部屋に入ったときに、目で見てはいても、脳が認識しないように情報を遮断《しゃだん》しているわけです。逆に、「これから町に出て、赤いモノを100個見つけてきてください」なんて言われたら、今度は赤いモノばかりが目につくようになる。

これは、つまり赤いモノについて「スコトーマ」が解除されて、「認識されるようになる」というわけです。

さて。

この「スコトーマ」という機能を使うと、1日を「科学的にいい日に変える」ことができるのだそうです。

やりかたは簡単。

朝、起きたら、こう口に出すだけです。

「さあ、今日もいい1日になるぞ!」

これ、**「自己充足的予言」**と呼ばれるもので、脳科学的にその効果が認められている方法。

つまり、「さあ、今日もいい1日になるぞ!」って、口に出して宣言することで、脳にそのイメージを植えつける。

その結果、何が起こるかというと、その日、脳は勝手に、**「いい出来事」だけを認識して、「悪い出来事」を「スコトーマ」によって遮断する**、という実に都合のいい状態になるのです。

悪いことが起こっても、右から左へ受け流し、いいことが起こったときは、「ほらね。やっぱりいいことが起こった」って思える。

即席で、「いいこと認識体質」になれるというわけですね。

私の知り合いの著者さんに、いつもテンションが高くて、「自分は運がいい！」と言い切っている人がいます。

聞けば、その人、「毎朝、鏡に映る自分に向かって、『今日も最高の1日になる！』って宣言している」のだそうです。

知ってか知らずか、この「スコトーマ」という脳の機能をうまく使っているというわけですね。

ついでに言えば、「悪いことばっかりだ」って、いつも愚痴っている人は、このスコトーマ機能を使って、「悪いこと」ばかりを認識して、「いいこと」を全部遮断して認識できないようにしている。

もったいないことこの上なしです！

お金もかからず、1秒で済む「自己充足的予言」。

ダマされたと思って、やってみてください。

（参考『コンフォートゾーンの作り方』苫米地英人著　フォレスト出版）

「オマエが乗る飛行機なんか」36

江戸時代の川柳《せんりゅう》です。

碁敵《ごがたき》は　憎さも憎し　懐かしし

「普段、憎まれ口を叩きながら囲碁を打っていた憎っくきあいつ。いなくなってみると、その憎さでさえも懐かしい」っていう実に微妙な心情を詠んでいますよね。

この川柳。古典落語の傑作『笠碁《かさご》』のモチーフにもなっています。

そういえば、昔、テレビ番組の『笑点』で、レギュラーだった三遊亭小円遊《こえんゆう》さんが亡くなったとき。番組の中で「小円遊さんのケンカ相手」という位置づけだった桂歌丸さんが、小円遊さんがいなくなった最初の大喜利で、この川柳を挨拶で使ったこともありましたっけ（古すぎる話で失礼！）。

「ケンカするほど仲がいい」という言葉のとおり、**ケンカ友だちというのは、とても貴重な存在**なのかもしれません。

どこで知ったのか忘れてしまいましたが、こんな実話を聞いたことがあります。

ある外国のミュージシャン（たしか、ロック歌手か何か）。同じくミュージシャンのケンカ友だちがいて、いつもお互いに憎まれ口を叩き合っていました。

さて、ある日のこと。

そのケンカ友だちが海外へバカンスに行くことになり、彼は空港へ見送りにいったのです。

「オレがバカンスを楽しんでいる間も、オマエさんはアクセクと働くんだな、ご愁傷さま」

「うるせいやい、オマエが乗る飛行機なんか、墜落しちまうのを祈っているよ」

いつものように憎まれ口を叩き合う2人。

しかし、彼は、この日の会話を生涯、後悔することになります。

ケンカ友だちを乗せた飛行機が、本当に落ちてしまったのです。

普段、憎まれ口を叩き合っていましたが、彼にとってはかけがえのない友でした。

それなのに、最後の会話でとんでもないことを言ってしまった。

なぜ、あんなこと言ってしまったのか……。

飛行機が落ちたのが自分のせいではないことはわかっています。

それでも彼はずっと後悔し続けたのだそうです。

でも。

私は、言いたい。

このミュージシャンのケンカ友だちは、彼に対して、きっと、天国からこう言いたいのではないでしょうか？

「バーカ、気にすんな」

自分が死んだあとに、ケンカ友だちが、いつまでも最後の会話について悔やんでいるのを見たら、「いいかげんにしろ！」って怒りたくなってしまうと思うのです。

もし、あなたが、先立った誰かに対して、「ケンカ別れのままになってしまった」とか、「あの日、自分が○○していたら、彼は事故にあわなかったのに」なんて後悔しているとしたら。

死んでいった相手の気持ちに成り切ってみてください。

相手はあなたに対して、「そんなこと、どうでもいいよ、もう、気にすんなよ」って言いたいのではありませんか？

くだんのミュージシャンのように、取り返しのつかない後悔にさいなまれてしまったら、**死んでいった相手に成り切って、どう思うかを想像してみてください。**

そうやって、**あなたがラクになることが、相手に対しても一番の供養**なのだと私は思います。

37 キャンディーのメッセージ

マレーシアで行なわれた、あるキャンペーンの話。

そのキャンペーンのスタッフは、１００個のキャンディーを持って町に出ます。

キャンディーは、いわゆる「ペロペロキャンディー」タイプのもの。長い柄《え》を持ってペロペロなめるあれです。

スタッフは、町中に１人でいる小さな子どもに声をかけては、そのキャンディーをタダであげていくのです。

どの子も、知らない人に声をかけられて、一瞬、警戒しますが、キャンディーを渡されると、嬉しそうにそれを受け取ります。

そして、この「思わぬ幸運な出来事」を知らせるべく、親のもとにトコトコと戻ってゆく。

たいがい、親はほんの少し離れたところで休んだりしています。そして、大きなキャンディーを持って戻ってきたわが子を見て、怪訝《けげん》そうな顔をする。

それはそうです。

子どもが、値段が高そうな大きなキャンディーを、「知らない誰か」から、タダでもらったと言うのですから……。


実は、このキャンディー。

柄に白い紙が巻かれていて、親御さんへのメッセージが印刷されているのです。

あなたには、そこに何が印刷されているかわかりますか？

そもそも、このキャンペーン、何のためのキャンペーンだと思いますか？

えっ？

「新商品のキャンディーのキャンペーンで、白い紙には販売店の地図が描かれているのだろう」ですって？

違います。

実は、このキャンペーン。

子どもが誘拐されないように、親に注意を促すキャンペーンなのです。

キャンディーの柄に巻かれた白い紙には、親御さんへ向けた、こんなメッセージが印刷されています。

「あなたの子どもを誘拐するのに1秒もかからない。手遅れにならないためにも、決して子どもから目を離さないように」

実は、マレーシアでは1年に何百人もの子どもが行方不明になっていて、大変な社会問題になっているのだそうです。

誘拐された子どもたちは、人身売買にかけられるなど、悲惨な運命をたどる。

子どもを誘拐された親は、ほんの一瞬、我が子から目を離したことを一生後悔しなくてはならない……。

この「キャンディー配り」は、そんな悲劇を防ぐために、親たちへ向けたキャンペーンだったのです。

あるテレビ番組で、犯罪防止の専門家がこんなことを言っていました。

「子どもに『知らない人からモノをもらってはいけない』と教えるのは逆効果です」

理由は、子どもは、たとえ知らない相手でも、何度か話しかけられたりするだけで、相手を『知っている人』と認識してしまうからなのだとか。

「知らない人」のハードルが低い、純粋な子どもたち。

その「純粋さ」は、本来ならば良いことのはずなのに……と考えると、卑劣な誘拐犯への怒りが新たにわいてきます。

38 フリーデザイナーとの苦い思い出

学生のころは、ただの「若気の至り」で済んだことが、社会人になると、それでは済まなかった……と、そんな経験はありませんか？

これは、私の知り合いのベテラン編集者のＮさんが、まだ、社会人になって数年目に経験した苦《にが》い思い出です。

当時、Ｎさんは、ある雑誌の編集部にいました。

そこで、編集見習いとして、某雑誌の編集補佐をしていたのです。

その仕事の１つとして、外部の紙面レイアウト会社と、その会社が雇っているフリーデザイナーとの窓口役をしていました。

当時はまだ電子メールもなく、紙面レイアウト会社との打ち合わせは社内で会議。そして、フリーデザイナーとの紙面デザインのやり取りはＦＡＸという時代でした。

そんなある日のこと。

「〇時までに紙面デザインをＦＡＸします」と約束したにもかかわらず、その時間になっても、デザイナーからなんの音沙汰もないことがありました。

締め切り時間が迫り、焦って電話をしてもデザイナーは不在。

携帯電話もない時代で、連絡が取れないまま、時間だけが過ぎていき、Ｎさんは怒り心頭に。

ようやく連絡がつき、電話口で声を荒げると、相手のデザイナー曰く。

「ちゃんと、時間どおりにＦＡＸしましたけど！」

どうやら、Ｎさんの会社側のＦＡＸの調子が悪く（あるいは出力用の用紙が切れていた？）、うまくＦＡＸが届かなかっただけだったのです。

しかし、１度怒りモードに入ったＮさんはおさまりがつきません。

「ちゃんと届いたかどうか確認しないで外出するな！」とケンカ腰に。

それに対して、相手のフリーデザイナーもカチンときて、お互いに険悪なムードになったのでした。

タイミングが悪いときというのはあるもので、そんな電話の翌日が、次の号の打ち合わせの日でした。紙面デザイン会社の人とともに、くだんのフリーデザイナーも、Nさんの会社にやってきました。

お互いにまだ怒りがおさまらず、打ち合わせ中にも無視を続ける2人。

そんなムードでしたが、その日の打ち合わせは何ごともなく終わりました。

その数日後。

次の打ち合わせのとき、そのフリーデザイナーは欠席。

すでに怒りはなくなり、関係を修復しようと思っていたNさんは、紙面デザイン会社の人に、「あれ、今日は○○さん（フリーデザイナーの名前）は来ないんですか？」と聞いたのです。

すると、紙面デザイン会社の方は、あっさりとこう言ったのだそうです。

「彼との契約は打ち切りました。前回の打ち合わせのときに態度が悪かったので。クライアントの前であぁいう態度を取るのは許せませんから」

その言葉を聞いたNさんは大きなショックを受けます。

学生時代なら「ちょっとしたケンカ」で済むことが、社会では1人の人から仕事を奪ってしまうことにもなる。

もちろん、デザイナーさんの仕事は他にもあったでしょう。

とはいえ、社会人になって数年のNさんは、自分の短絡的な怒りが招いてしまった結果にがく然としたのです。

「それ以来、思い込みや勘違いがないように、仕事の相手との連絡を密に取るように心がけている」とNさん。

今も編集者として働くNさん。若き日の苦い経験を「学び」としてその後に活かし、今に至っているのです。

たけしの命を救った紙一重のこと

39

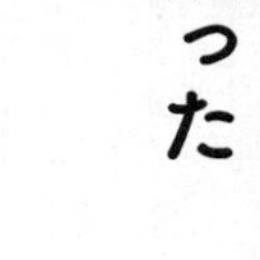

人は、紙一重で命を落としたり、九死に一生を得たりします。

これは、タレントのビートたけしさんがまだ35歳だった１９８２年のことです。

その日、たけしさんは北海道から東京に戻ってきて、手持ちのお金がほとんどない状態でした。

たけしさんの頭をふとよぎった考え。それは「フジテレビのプロデューサーに連絡してホテルを押さえてもらおうかな……」というもの。

実は当時、フジテレビのプロデューサーは都内の某一流ホテルに顔が利き、タダで部屋を用意してもらえたのです。

関西からお笑い芸人を呼ぶときには、そのタダ部屋を使うことも多く、たけしさんは、その手を使おうと思ったのですね。

しかし、たけしさんはその思いつきを実行しませんでした。

その日のたけしさんは完全なプライベート。

いくらプロデューサーとホテルの関係があっても、**仕事でもないのにタダで泊まるのは気が引けた**のです。

少し面倒でしたが、たけしさん、知り合いの高田文夫さんに連絡を取って会い、お金を借りてプリンスホテルに泊まったのだそうです。

さて、翌朝。

テレビのニュースを観て、たけしさんは驚いて真っ青になりました。

フジテレビのプロデューサーと懇意にしていた都内のホテル。

昨夜、もう少しで自分も泊まっていたかもしれなかった、そのホテルが火災だというのです。

ホテルの名は、ホテルニュージャパン。

1982年2月に大火災を起こし、33名もの死者を出した、あのホテルニュージャパンでした。

たけしさんは、そのときのことを振り返って、テレビ番組の中でこんなことを言っています。

「よかった。オレの品の良さが生きる原因だった。だってタダで泊まろうとしなかったんだから。お金を払って泊まるべきだと思ってよかった。大変だよ、中継なんかあって、炎の中でオレなんか出てってコマネチやらなきゃならない。窓際でコマネチ、最後のギャグだって言ってやらなきゃならない」

最後のコマネチのくだりは例によって不謹慎ですが、**「タダで泊まろうとしなかった品の良さが生死を分けた」**という部分は大きく頷けます。

人間、悪いこととは知りながら、「みんなやってるし」と自分に言い訳をして不正を働くこと、あると思います。
でも、そういう行為はときには、身をほろぼす原因になりかねません。
気のゆるみによるちょっとしたスキャンダルですべてを失う人、いますよね。

イギリスには**「プリンシプル」**という言葉があります。
「原理」「原則」「根本」「主義」「信条」などの意味を持つ単語ですが、英国紳士がもっとも重視する考え方なのだとか。
意訳すれば**「不正をせず、筋を通す」**でしょうか。

プリンシプルな選択は、ときには生死を分けることがある。

覚えておきたい人生の知恵ではないでしょうか。

「深い話」

エスプレッソと楽しむ

お客さまが見えなくなるまで

40

私が新橋にあるカフェでコーヒーを飲みながら原稿執筆をしていたときのこと。

隣の席でずっと商談をしている2人がいました。

中堅の営業職らしき女性と、そのお客らしき中年男性。

どうやら、保険会社の女性営業が、会社員の男性に、自社の保険への切り替えを勧めているようでした。

男性は切り換えに前向きで、和気あいあいとした雰囲気。

女性営業は、ひとしきり、自分の会社の保険について説明し、男性のほうからは、「ここ、どうなってんの？」なんて、質問が出ています。

しばらくして、「じゃあ、そういうことで」と席を立つ男性。

どうも、これから会社へ戻る様子。

席から立ち上がり、「ありがとうございました！　また、よろしくお願い致します！」と頭を下げる女性営業。

「んっ、よろしく」とか何とか言いながら、つかつかと、カフェの出口に向かう男性。

女性営業は、席で起立をしたまま、その後ろ姿を見送ります。

店の奥のほうの席だったので、その男性客が出口にいくまでには、たっぷりと間がありました。

それでも、その女性営業は、ずっと、男性客の背中に目を向けて立ったまま。

私はその姿を見て、「律儀《りちぎ》だなぁ。どうせ、お客は振り返ったりしないのに」なんて思っていたのです。

ところが……。

その男性客、自動ドアからカフェの外に出て、そのドアが閉まる寸前に……。

振り返ったのです。

男性客が振り返って自分のほうを見た瞬間。

起立のまま、すかさず深々とおじぎをする女性営業。

その光景を見た途端。

私は「接待に関する本」で読んだ、次のような一節を思い出しました。

「たとえば、料亭などで接待が終わって、お店の前で、お客さまを見送るとき。お客を乗せた車が視界から完全に消えるまで頭を下げ続けなくてはならない」

「何も、そこまでしなくても……」と思いましたが、理由を読んで納得しました。

「なぜなら、自分が視界から消える瞬間まで、接待をした相手が頭を下げ続けているかどうかを、**最後の最後、車の中から振り返ってチェックするお客がいるから**」

私がカフェで目撃したおっさん……ではなく中年男性は、このパターンのお客だったというわけです。

よく、カフェやファミレスの店員が、オーダーのときは口角を上げまくった笑顔なのに、食器を運んでいるときやお客が帰ったあとのテーブルを拭いているときは、地球最後の日のように不機嫌な顔をしていることがありませんか。

私は、決してチェックマンではありませんが、そういう店員さんの表情を見てしまうと、見てはいけない本音の顔を見てしまったような嫌な気持ちになります。

私でさえ、そうなのです。

私が目撃したお客は、何しろ、振り返って確認するくらいのチェックマンです。直前まで愛想よく話していた女性営業が、もう席に座って、能面のような無表情で会社への報告メールを打っていたりしたら、シラケて、乗り気になっていた商談をご破算にするかもしれません。

それを見越して、最後の最後まで、立ち上がったまま、お客から目を切らなかった女性営業。なかなかのやり手ですね。

偶然にしろ、「営業の神髄」を見せてもらったような気がしました。

41 自転車が倒れたときに

例によって、私がカフェで原稿執筆をしていたある日の午後のことです。

私が陣取った席は、建物の1階に入ったカフェの通りに面したカウンター席。

すぐ目の前に、表を歩く人たちや、通りを挟んだ向かいの郵便局などが丸見えでした。

ふと、執筆に疲れて、コーヒーを口に運びながら、見るとはなしに表通りを眺めていたとき、それは起こりました。

その日は、歩いているとつんのめりそうになるほど風が強い日。

その風で、向かいの郵便局の前に停められていた原付バイクが倒れて、横に停められていた自転車を巻き込んだのです。

あらら、と思って見ていると、ちょうど、バイクに巻き込まれて倒れた自転車の持ち主と思われる若い女性が郵便局から出てきました。

バイクの下敷きになる形で倒れている自分の自転車を見て困っています。

自転車を起こすためには、先にバイクを起こさなくてはならないのですが、これが女性には重すぎる。

店の中から、それを見ていた私。

「これは助けに行くべきか」と思ったそのわずか数秒後、30歳くらいの男性が歩み寄り、バイクを起こす手伝いをします。

と、さらにその数秒後には、背中にリュックを背負った高校生くらいの男子3人組がかけよって。さらに手助け。

それは、もう、あっという間の出来事でした。男性4人が手伝って、バイクは無事に起こされ、女性の自転車を救出したのです。

頭を下げてお礼を言う（私には声は聞こえませんが）女性。

いえいえ、どういたしまして、という表情で立ち去る男性と学生たち……。

その一部始終をカフェのカウンター席で見ていた私。

こういうシーンを見ると、やはり、日本はいい国だと思ってしまうのです。

以前に、テレビの落語番組で立川談志師匠が、落語の本題に入る前のまくらでおよそ次のようなことを言っていました。

「世の中、嫌なニュースばっかりだね。だけど、それでいいんだよ。もし、どこだかの青年が誰かに親切にしたとか、そんな、いい話が新聞に出るようになったら、この国も終わりだろ。**悪いことがニュースになるくらいでちょうどいい。だから、日本はいい国なんだよ**」

なるほど。師匠のおっしゃるとおり！

いい話が普通の国だから、それがニュースにならないって素晴らしい。

自転車を起こせずに困っている人がいたとき、それを手伝うのが普通じゃない国だってあります。いやいや、それどころか、何人かで起こすのを手伝うふりをして、そのうちの1人が隙を見て、女性の持ち物を奪ってしまう……。

世界的に見れば、そっちのほうが一般的かもしれません。


日本に来た外国人観光客は、公園に落ちている空き缶に気がついた人がそれを拾ってごみ箱に捨てるのを目撃すると「オー！　マイゴッド！」ってなるそうです。

自分で落としたゴミじゃないのになんで？

そもそも、掃除は清掃員の仕事ではないの？

ですよね。


私は、**困っている人がいたとき、それを助けるのが「普通」な国に生まれたことが誇りです。ですから、私もこの国での「普通」を貫いていきたい。**

偶然に目撃した、日本では「普通の光景」に、そんな大げさなことを、ふと考えさせてくれたカフェでのひとときなのでした。

42

お店でボールペンを借りたとき

あなたは、レストランやカフェで、スタッフにペンを借りたことがありますか？

元CA（キャビンアテンダント）で、現在は接客に関する企業研修や人材育成を行なう会社の代表取締役をされている七條《しちじょう》千《ち》恵《え》美《み》さんの著書『接客の一流、二流、三流』（明日香出版社）に出てくる話です。

七條さんがあるレストラン（ステーキハウス）へ食事に行ったときのこと。

筆記用具がなくて、その店の若いスタッフに「ペンをお借りできますか？」と声をかけたそうです。

すると、そのスタッフ、彼女にこう答えたのだとか。

「貸し出す感じになります」

敬語の使い方はさておき、接客という観点から、七條さんは、このスタッフの言葉について、「もう少し工夫した言い方ができるはず」と言っています。

しかも、七條さんが、使用したペンを彼に返却したにもかかわらず、会計のときに店長らしき人から「お客さま、ボールペンは……？」という確認があったのだそうです。

これについても、「スタッフが店長に、自分にペンを貸したことは伝えたのに、なぜ、返却したことは伝えていないのか？」と疑問に感じた七條さん。

おそらく、お店が無断でペンを持ち帰るモラルのない人に苦慮していたのだろうと理解は示しながらも、「良識のあるお客まで警戒しすぎるのはもったいない」と言っているのです。

では、若いスタッフは、ペンを貸すとき、いったい何と言えばよかったのか？

あなたにはわかりますか？

七條さんは、1つの答えとして、こう言えばよかったのでは、という例を提案しています。

「お済みになりましたら、ペンはテーブルの上に置いておいていただければ結構です」

いかがですか？

こう伝えておけば、お客さんは「自分が疑われている」と不快に思わなくて済むし、スタッフにペンを戻す手間もありませんよね。

そして、スタッフのほうも、お客さんが席を立ったら、テーブルの上を見るだけでペンが戻されているかわかるのでラクです。

さすが、接客のプロ！

ちなみに私も1度、カフェでペンをお借りしたことがあります。

カフェでコーヒーを飲んでいるとき、パッと頭に浮かんだフレーズ（たしか本のタイトル）があって、すぐに手帳にメモをしようとしたら、その日に限って鞄の中に筆記用具がなかったのです。

思いついたアイデアや言い回しは、その場でメモをしないと100パーセント忘れてしまいます。

ですから、いつもは鞄に入れている筆箱の中、鞄のチャック、そして、上着のポケットの中と、計3本も筆記用具を持ち歩いているのです。

それなのに、偶然、そのときは1本も手持ちがなかった。「ひーっ！　忘れてしまう〜！」ってなって、お店の人に「すみません、筆記用具を貸してください」と申し出たのでした。

幸い、とても感じのよいお店で、すぐに気持ちよく貸してくださり、その場でメモして事なきを得ました。

「ペンを貸してください」

こんな、ちょっとしたシーンでも、お店の機転ひとつで、お客さまも自分たちも双方がハッピーになる。

「機転」は「喜転」ですね。

（参考『接客の一流、二流、三流』七條千恵美著　明日香出版社）

43 器の大きさの違い

人にはそれぞれ「器の大きさ」というものがあります。

小食の人は、小さな器でご飯を食べるし、ギャル曽根さんのような大食漢は大きな器でご飯を食べる……という話ではありません。

そうではなく、人間としての「器の大きさ」ですね（当たり前だ！）。

これは、そんな「器の大きさ」の話。

昔の中国に劉邦《りゅうほう》という武将がおりました。

有名な「項羽《こうう》と劉邦」の劉邦ですね。

ほら、「漢文」の教科書で見た覚えがありませんか？

何をした武将かは、長くなるので割愛します。

要は、武勇に優れた名将だと思ってください。

で、この劉邦さんのもとに韓信《かんしん》というキレモノの家臣がいました。

若いころにケンカを売られて「股くぐり」をしてムダな争いを回避したり、兵の数で不利な戦いのとき、「背水の陣」をしいて兵たちを「必死」にさせて勝利したり……。要は、機転が利く名軍師だと思ってください。


さて、ある日のこと。

この名将の劉邦さんと、キレモノ軍師の韓信さんがこんな会話をしたそうです。

劉邦「のう韓信よ、このわしは、いったいどれほどの器であろうか？」
韓信「うむ、そうですな。陛下はせいぜい10万人の兵を率いる程度の器ですな」
劉邦「ははは っ、ぬかしおったな。では、おまえはどうだ？」
韓信「私ですか。私はたとえ兵が何人であろうと率いることができまする」
劉邦「兵がいくら多くても率いられると申すか。ではなぜ、この私の部下として仕えておるのだ？」

劉邦のこの問いに、韓信さん、こう答えたそうです。

「陛下は、兵はせいぜい10万くらいしか率いることはできません。しかし、**その兵を率いる将たちを率いることができる『将の将』です**。ですから、私はこうして仕えているのです」

うーむ。さすがキレモノの韓信さん。

自分をアピールしつつ、しっかりと劉邦さんへ「あなたは、私とは器の格が違う」とヨイショしていますね。

劉邦さんも、最初に韓信さんが「せいぜい10万の兵を率いる器」と失礼なことを言ったとき、怒り出したりせず、笑って受け流すあたり、さすが器が大きい。

あなたの周りを見回してみてください。

あなたの上に立つ上司は、何人くらいの人を率いられる器でしょうか？

あなたの会社の社長は、「将の将」たる器でしょうか？

そして、あなた自身はどれくらいの器の人物でしょうか？

一見、偉そうな人よりも、いつも冗談ばかり言っている人や、普段は物静かな人のほうが、実は器が大きいことがあるので注意です。


「器の大きさ」について、あらためて考えてみて、「自分はなんて器が小さいんだろう……」とお嘆きのあなた。

ご安心ください。

この「人としての器の大きさ」は、経験を積むうちに、その大きさがどんどん変わります。

特に、**ツラい思いをしたときは「器拡大」のチャンス**。

試練が降りかかってきたときは、「器拡大チャーンス！」と唱えて、ひるまずに挑んでくださいね。

44
たとえポーズでも

私の先輩があるとき、こんなことを言っていました。

「親の七光りだっていい。光らないよりは！」

「親の七光り」って、よく二世タレントに使われますが、決して褒め言葉ではありませんよね。でも、最初は親ゆずりの光でも、そのおかげで使われるうちに、親と同じように光り始める人だってたくさんいます。

たとえば、俳優の佐藤浩市さんや中井貴一さんなんて、若い人は二世俳優だということも知らないかもしれません。

話はコロッと変わって、世の中には「偽善」という言葉があります。

調べてみると「本心からでなく、うわべを繕《つくろ》ってする善行」という意味。「偽善者」って言えば、普通は悪口ですよね。

でも、「親の七光り」と同様、私は、「偽善でもいいんじゃない？」と思うのです。

たとえば、最近、人気が復活している昭和の政治家、田中角栄元首相。

新潟県を地盤に、選挙では圧倒的な強さを誇りました。

何しろこの角栄さん。選挙カーで地元をまわるとき、田んぼで農作業をしている人を見かけると、**革靴と背広という格好でズボズボと田んぼに入っていって握手したそうです。**

もう、革靴もズボンも田んぼの泥でグチャグチャ。靴なんて、一発で使い物にならなくなります。角栄さん、そうやってドロドロになって農家の人と握手して、にこやかに選挙カーに戻る。そして、用意しておいた新しいズボンと靴にはきかえると、次の田んぼに向かう。次ではまた、同じようにズボズボと田んぼに入っていき、農家の人と握手をする……と、その繰り返し。

これ、誰がどう見たって、ポーズです。

票が欲しいからやっているパフォーマンスだとは、農家の人にもわかります。

でも……。たとえ、ポーズだとわかっていても。

それでも、革靴と背広を台無しにして、自分たちがいる田んぼに入ってきてくれたら、感激しますよね。

昔読んだ漫画にこんなストーリーのものがありました。

主人公の男子中学生は、いつも周りの人たちに、身を削るほど親切にしている父親を心から尊敬しています。

しかし、あるとき、町で出会った怪しい男から、その父親が戦争中に犯した、人として許されない罪について聞かされるのです。

以来、主人公は「お父さんが誰にでも親切にするのは、すべて、自分の過去の罪をごまかすための偽善なのではないのか？」と疑念を持つようになります。

そして、物語のラスト近く。

父親は、自分の過去の過ちを認めて、「だから（私には）生きる権利はないと言うのか！　誰が（私の）罪を裁くというのだ！」と言います。

その言葉を聞いた主人公は、こう思うのです。

「もしお父さんがごまかしでいい人ぶっているだけだとしても……。**訳はどうであっても、今までいいことをしてきたということは、認めなくてはならないのではないだろうか？**」

私は、「偽善」という言葉を聞くと、いつも、はるか昔に読んだ、この漫画のシーンを思い出すのです。

偽善による親切だろうが、心からの親切だろうが、行為だけ見れば同じ親切。親切にされる側にしてみれば、どっちだって一緒。有り難いですよね。

お年寄りに席を譲るとか、いいことをするときって、ちょっと気恥ずかしいもの。そんなときは、心のなかで「**あっ、自分なんて、どうせ偽善者なんで**」って思うと、恥ずかしくなくなります。

そう思うことで、いいことがしやすくなるのなら、偽善者バンザイです。

「**偽善者でもいい　何もいいことをしないよりは**」ですね。

45

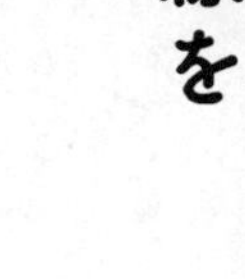

床に描かれた線を短くする方法

ある昔話です。

有名な話なので、もしかしたら、あなたもご存知かもしれません。


ムガール帝国のアクバル皇帝に、バーバルという名の道化師が仕えていました。

このバーバル、なかなかの知恵者で、皇帝はときどき、彼の知恵を試して楽しんでいたのです。

ちょうど、懐かしのアニメ『一休さん』で、将軍さまが一休さんに、無理難題のとんち勝負を仕掛けるようなノリですね。


さて。ある日のこと。

皇帝さん、床に1本の線を引くと、バーバルにこんな難題を出しました。

「バーバルよ、この線を短くしてみよ。ただし、線のどこも消してはならぬ！」

さあ、あなたがバーバルなら、いったいどうしますか？

皇帝のいじわるな難題に対して、バーバルは、あることをして見事にこの床の線を「短くすること」に成功します。

さて、いったいバーバルは何をしたのでしょう？

カフェにいるあなた。コーヒーを楽しみながら、少しだけ考えてみてください。

……。

えっ？「線の一部を足で踏んで隠した」ですって？

違います。

…………………そろそろ答えです。

バーバルがやった、床に描かれた線を短くした方法。

それは……。

その線のすぐ横にもっと長い線を描いた。

バーバルがそうすると、そこにいた誰もが、皇帝が最初に引いた線が「短くなった」と感じたそうです。

バーバルが使ったのは、「比較のマジック」です。

たとえば1千万円持っている人でも、100億円持っている人と話をすると途端に自分が貧乏人のような気持ちになりますよね（たとえが現実離れしていて失礼！）。

知人のカリスマ実演販売員の方がこんなことを言っていました。

「人は、比較するものがないと、商品が高いか安いか判断できない」

たとえば、「なんでもよく切れる包丁」を実演販売していて、それが1本5千円だとしても、それだけでは高いか安いがわからないというのです。

1本1万円の包丁も売っていれば、初めて「あっ、この包丁はお買い得なんだ」

と判断ができる。逆に1本2千円の包丁と一緒に売っていたら、同じ5千円の包丁が「高い包丁」だと認識される。同じ5千円の包丁が、比較するものによって、安く認識されたり高く認識されたりするわけです。

不動産で、家の物件をお客に見せるとき、売れる営業は、最低の物件、最高の物件、そして最後に、売りたい本命である「中くらいの物件」という順で見せるそうです。すると、お客は物件を比較して、「真ん中で妥協するか……」と思うのだとか。

この理論、**失敗したときや不安なときにも使える**のでは？

「転んで足を骨折したけど、頭を打たなくてよかった」とか、「試験に落ちても、殺されるわけじゃない」とか……。**常に、もっとヒドイことと頭の中で比較して、ガッカリや恐怖を小さくする**のです。

特に、「〇〇しても、殺されるわけじゃない」は、どんなときも使える「超おススメ比較ワード」です。

（参考『どうしてかわかる？』ジョージ・シャノン著・福本友美子翻訳・ピーター・シス絵　晶文社）

46

信長が「桶狭間の戦い」で一番評価した家臣

２万人対２０００人。

何の数字かわかりますか？

実はこれ、織田信長が今川義元を破った「桶狭間《おけはざま》の戦い」における、両軍の兵力の数です。

もちろん、２万のほうが今川義元の軍。圧倒的に数が少ない２０００のほうが織田信長の軍です。

この兵力の差をひっくり返して、見事に勝利した織田信長。

その勝因は、豪雨のなか、「はざま」という名前のとおり、細い窪地《くぼち》である「桶狭間」で休んでいた今川軍に、信長が奇襲をかけたことだと言われています。

細長い地形では、兵の数に差があっても、それを活かせないことを信長は読み切っていたのですね。

さて。この戦《いくさ》のあと、戦で活躍して褒美をもらった家臣の中で、第1位に評価されたのは、梁田正綱《やなだまさつな》という家臣だったそうです。

この正綱さん、いったい、どんな手柄を立てたと思いますか？

ちょっと考えてみてください。

えっ？

「今川義元の首をとった」ですって？

いえいえ、違います。

正綱さんは、この奇跡の勝利に、もっと大きな貢献をしたのです。

さらに言えば、もし、彼がいなかったら、信長勢に勝ち目はなかったと言っても過言ではありません。

そろそろ答えです。

正綱さんが「桶狭間の戦い」で立てた手柄。

それは……。

信長に「現在、今川勢は桶狭間にて宴会を開いていて、酒に酔っている最中です」と報告した。

この報告を受けた信長は、ただちに今川勢を奇襲。

大勝利をおさめたのです。

今川義元にすれば、まさか、鬱陶《うっとう》しい大雨の中（雹《ひょう》だったという説もあります）、敵が襲ってくるとは夢にも思っていなかったでしょう。

今川の兵たちは逃げまどい、わずかな兵が今川義元を守ろうとしましたが、そのことが逆に総大将の居場所を信長軍に教えることになってしまったそうです。

それにしても、オイシイ情報をもたらした兵をもっとも高く評価するとは。

さすが、戦の天才、織田信長。

今も昔も、**戦いを制するのは「情報」と「先手」**。

信長がすごかったのは、当時の戦の常識にとらわれず、今、このときしかないという「大チャンスの情報」を活かして、雨中の奇襲で先手を打ったことです。

それどころか、今川軍に酒や食料を差し入れして、地形が悪い桶狭間で休憩の宴会を取らせるように仕向けたのは、実は、地元民のフリをした、信長が差し向けた間者《かんじゃ》だったという説もあるそうです。

もし、それが本当なら、信長は義元よりも役者が1枚も2枚も上手《うわて》だったということですね。

（参考『20代で知っておくべき「歴史の使い方」を教えよう。』千田琢哉著　学研プラス）

47　海賊の秘密

ある本を読んでいたら、かつて実在した「海賊たち」についての意外な真実が書かれていました。

童話の『ピーターパン』に出てくるフック船長や、『宝島』に出てくるシルバーのような、あの海賊たち。

たぶん、一般的なイメージは、沖行く船を襲って金品を強奪し、逆らう者は平気で殺す。そんな、極悪非道のならず者……というものではないでしょうか。

ところが。

海賊についての研究者によれば、**実は彼ら、とても民主的な「仲間」の集まりだ**

ったらしいのです。

まず、船長は決して独裁者ではありませんでした。

「船における規則」は乗組員の全員一致で決める、と極めて民主的。

儲けも、船長が独占するなんてことはなく、ほぼ平等に分けられたとか。

また、活躍した者に報奨金が出たり、戦いで負傷した者は「被害届」を出せば、「負傷手当」をもらえたりするなど、もはや**「優良会社」のような組織**だったというのです。

さらに、海賊船では、アメリカが奴隷制を廃止する150年も前から「人種差別」がなく、一般的な海賊船の乗組員の4人に1人は黒人だったとのこと。

当時は、商業船のオーナーのほうがよほど横暴な独裁者で、利益を独占し、逆らう者を処刑したりもしていて、なんと、**優秀な船乗りは、商業船よりも海賊船に乗りたがった**のだとか。

なんだか、漫画の『ONE PIECE』みたいです。

では、そんな海賊たちについて、なぜ、「極悪非道」というイメージが定着して

いるのでしょう？

その理由。

それはなんと……。


「マーケティング」


つまり、航海者たちの間に、**「海賊は極悪非道で、逆らうと何をされるかわからない」というイメージがあったほうが、仕事がしやすかった。**

そういうイメージが定着していれば、船を襲ったとき、いちいち交戦しなくても、相手は「逆らったら殺されるかもしれない」って恐れて、すぐに降参してくれますよね。

海賊たちは、より効率的に、安全にことを運ぶことができます。

そのために、「オレたち海賊は野蛮でアブナイ奴らだぜ！」というイメージを作り上げていた。

言わば、**マーケティングで、計算して「ブランディング」していた**というわけです。

これ、あの孫子が「最高の勝ち方」としている、「戦わずして勝つ」の実践ではありませんか！

ウソのような話ですが、「海賊は、船員たちに十分な秩序と協力関係を行き渡らせていた、史上もっとも洗練され、成功した犯罪集団」とまで言っている研究家もいるのです。

もちろん、やっていること自体は「盗み」なので、決して褒められた集団ではありません。

しかし、少なくとも船員たちにとっては、居心地がよい場所だったのです。

今で言えば、従業員満足度が高かった。

いわゆる「海賊」の歴史が200年以上も続いたのには、そんな秘密があったのですね。

（参考『残酷すぎる成功法則』エリック・バーカー著・橘玲監訳・竹中てる美翻訳　飛鳥新社）

48 悩める弟子へ、達磨さんの言葉

なぞなぞです。

あなたが不安なときに、「大丈夫だよ」ってウインクしている赤いモノな〜に？


わかりますか？　きっと、あなたなら即答ですね。

そう。

答えは「ダルマ」。

受験などで、合格する前の不安なときは片目だけ入っていて、ウインクしたような顔で励ましてくれている、というわけですね。

このダルマ人形は、ご存知のように、中国に禅宗を伝えたとされている、インド人の仏教僧、達磨《だるま》さんがそのモデル。赤い衣を着て、壁に向かって9年間も座禅をしたときの姿を模したものです（人形に手足がないのは、9年間も座禅をして手足が腐ってしまったという伝説に由来するとか。恐ろしや……）。

さて。

あるときのこと、この達磨さんに、弟子の1人がこんな悩みを打ち明けました。

「師匠、聞いてください。私はあらゆることが不安でたまりません。この不安を、どうにかして消していただけませんか？」

聞いた達磨さん、少しも慌てず答えます。

「うむ、わかった。では、私がおまえの不安を消してあげよう。その不安とやらをここに出しなさい」

さあ、師匠にそう言われたこの弟子。四苦八苦して「自分の不安」を目の前に取り出そうとしますが、そんなことできっこありません。

とうとう、降参して言います。

「師匠……。だめです。不安な心をここに出すことができません……」

この言葉を聞いた達磨さんは、こう言ったのです。

「それでいい。もともと、不安など、影も形もなかったのだ」

く〜、達磨さん、カッコいい！

私が弟子なら「ししょおぉぉ〜〜っ」って言って抱きついちゃいます。

よく言われることですが、まったく同じ生活をしていても、毎日を楽しく過ごせる人と、将来への不安から暗く過ごしてしまう人がいます。

かく言う私も、かつては、未来に対して不安を感じて、悶々としている時期がありました（いやいや、ウソではなくてホントに）。

でも、最近、**「結局、世の中は、なるようになる」**と思うことができるようになりました。

にっちもさっちもいかない事態に陥ったとしても、**ときが経てば必ず「どうにか」なります。**

それに、**どんな窮地でも、最後は「逃げる」という最強の奥の手が残っていま**
す。
恥も外聞もなく、逃げればいいんです。
その手が残っていると思うだけで、少し、心に余裕が持てると思いませんか？

そもそも、**未来に対する不安なんて、ほとんど現実にはなりません。**

もう、全部、妄想。

そんなもの、頭の中で箱にしまって、時限爆弾で木っ端みじんに吹き飛ばしてしまってください。

それで、達磨さんが言うところの**「もともとなかったもの」**が、**本当になくなる**というわけです。

今の世の中、3年先の未来なんて、まったくどうなるかわかりません。

いくら、未来を予想したって当たりませんから。

不安な未来の予想なんて、するだけ損です。

美意の按配

49

「美意《びい》の按配《あんばい》」という寓話をご存知ですか？

タイトルの「美意の按配」とは、「何ごとも神様のおぼし召し」というような意味。

いろいろなパターンがあるようですが、かいつまんでお話をしましょう。

昔、ある小さな国に若い王様とその家来がいました。

家来の口ぐせは、「何ごとも、上天からの美意の按配」。

王様は賢い家来を信頼していて、２人はいつも一緒でした。

さて。ある日のこと。

いつものように2人でトラ狩りに出たとき、王様は獰猛《どうもう》なトラを仕留めます。しかし、完全に死んでいなかったため、王様は小指を食いちぎられてしまったのです。

帰り道、「今日は本当に運が悪い」と繰り返す王様。

それを聞いていた家来は、いつものように「王様、これも美意の按配でございます」と言います。

この言葉を聞いた王様、カチンときます。

「では聞くが、もし、私が怒っておまえを殺したとしても、それも美意の按配だというのか？」

「はい、王様。それも、美意の按配でございます」

自信たっぷりに答える家来にいよいよ腹を立てた王様は、城に戻ると、その家来を牢《ろう》に入れてしまいました。

数日後。

1人で狩りに出た王様は道に迷い、危険な野蛮人が住む地域に入り込んでしまいました。王様は野蛮人たちに捕らえられ、神様への神聖な生贄《いけにえ》にされることに。いよいよ、生贄になろうという寸前。

野蛮人たちは、王様に小指がないことに気がつきます。

そして、「不浄な者を生贄にはできない」と、王様を解放したのです。

命拾いをした王様。何とか城に戻ると、すぐさま、家来のいる牢へ向かい、今日、自分に起こったことを家来に話して言いました。

「おまえの言うとおり、私が小指を失ったのは美意の按配であった。許せ」

「王様、気になさることはありません。それに、王様が私を牢に入れたことも、美意の按配でございます」

「なんと、それはどういうことだ？」

「もし、牢に入れられていなかったら、私は今日、王様と一緒に狩りに行っていました。そして、私だけが生贄になったことでしょう。ですから、これはすべて美意の按配でございます」

いかがでしたか？

「人間万事塞翁《にんげんばんじさいおう》が馬《うま》」の故事にも似た話ですよね。

共通しているのは、「一見、悪いことが起こっても、よい方向に転ぶかもしれないからクヨクヨすることはない」という教えです。

かく言う私も、新卒で入社して20年以上も務めた会社がなくなりましたが、そのおかげで、今、こうして本を書くことができています。

ほかにも、「えーっ、うそーっ」という出来事が、後から考えると「いい出来事だった」という経験をたくさんしているので、この寓話はとても腑《ふ》に落ちるのです。

あなたも、「運が悪いなー」という出来事に遭遇したら、この「美意の按配」という寓話を思い出してみてください。

そして、**どんなに悪いことが起こっても、「これは、いいことの前フリ」と思うことが、結果として、「いい未来」を引き寄せます。**

50

「自分を責めてしまう」というあなたへ

「どうして自分を責めるんですか？　必要なときには、ちゃんと他人が責めてくれるんだから、いいじゃないですか」

ドイツの物理学者、アルベルト・アインシュタインの言葉です。

私はこの言葉が好きです。

アインシュタインは、何も、「好き勝手にしていい」と言っているわけではないでしょう。

そもそも、好き勝手にやって、他人に迷惑をかけるようなことをすれば、自動的に周りから注意されます。

そうではなく、「自分はダメだ」とか「どうして自分はいつもこうなんだろう」なんて、**他人の迷惑にもなっていないことを、ウジウジ考えて悩むのは無意味**だとクギを刺してくれているのだと思います。

そうとはわかっていても、ついつい、自分を責めてしまう。

そんなあなたへ。

事業家であり、作家でもある山崎拓巳《やまざきたくみ》さんが、チベット仏教のお坊さんとセミナーをコラボしたときのこと。

セミナーの参加者である1人の若者から、こんな質問が出たそうです。

「私はやる気にはなるのですが、それが続かず、そんな自分を責めてしまいます。そんなときはどうしたらいいのでしょうか？」

この質問に対する、お坊さんの回答に、山崎さんは感動したそうです。

チベット仏教の高僧は、こう回答したのです。

「この地球上の人口の約2割の方は、あなたと同じように、自分を責めてしまう感情を持っていると言われています。

しかし、私は2割ではなく、3割の人たちがそうなのではないかと感じています。74億（セミナー当時の世界の人口）の内の3割となりますと、21億人以上の方がそういう心の状態にあるということです。

あなたが、今後、そのような、自分を責めてしまう気持ちになったときには、世界中の同じ気持ちを抱いている人たちが少しでも救われるように、お祈りをしてみるのはどうでしょうか？

少なくとも、そのお祈りの間は、あなたは自分の心の闇に触れることはないと思います」

誰かを思って祈ることで、自分の悩みを忘れることができる。

そんな発想、私にはありませんでした。

不祥事を起こして仕事がなくなってしまったある俳優さん。

反省するために、弘法大師《こうぼうだいし》こと空海ゆかりの四国八十八か所の札所《ふだしょ》めぐりの旅に出たそうです。

お遍路さんの格好をして、徒歩での旅。札所で手を合わせてみたら、自分のことではなく、他人のことばかりお祈りしている自分に気がついた。

「○○さんが健康でいますように」「○○さんが幸せになりますように」

そして、初めて、自分がいかに周りの人たちのお世話になっていたかに気がついたのだそうです。


「利他」の精神が、実は自分を救う。


若者からの質問への高僧の回答。

とても深い言葉のように思います。


（参考『さりげなく人を動かす スゴイ！話し方』山﨑拓巳著　かんき出版）

おわりに　お茶でもいかが？

最後まで読んでいただき、ありがとうございました！

最後に、もう少しだけお付き合いください。


禅の世界に「喫茶去」という言葉があります。


読み方は「きっさこ」。

最後の「去」という字は、言葉を強調するもの。

つまり、「喫茶去」とは、**「まあ、お茶でもいかが？」**というような意味です。

これ、数ある禅の言葉の中でも、もっとも「気が抜ける言葉」かもしれません。


古今東西。

緑茶、ウーロン茶、コーヒー、紅茶、マテ茶と、飲むものは異なっても、「ティータイム」に共通することは、「ほっ」とひと息つける時間だということ。

ティータイム命《いのち》のイギリスでは、戦争中でもお茶の時間は欠かさなかったと聞いたことがあります。

これ、「ほっ」とひと息つく時間を何よりも大切にしていたということですね。

忙しい日々。

「休むこと」も大切な仕事です。

どうか、ひと休みして、リフレッシュする時間を自分にプレゼントしてあげてください。

この本が、そんな、大切なひとときのステキな「お茶うけ」になることができたとしたら、これ以上の喜びはありません。

西沢泰生

【主な参考文献】

『心を上手に透視する方法』トレステン・ハーフェナー著・福原美穂子翻訳　サンマーク出版／『時代とフザケた男』小松政夫著　扶桑社／『接客の一流、二流、三流』七條千恵美著　明日香出版社／『科学的に元気になる方法集めました』堀田秀吾著　文響社／『さりげなく人を動かす　スゴイ！話し方』山﨑拓巳著　かんき出版／『どうしてかわかる？』ジョージ・シャノン他著・福本友美子　晶文社／『コンフォートゾーンの作り方』苫米地英人著　フォレスト出版／『笑われる勇気』蛭子能収著　光文社／『ダメなときほど「言葉」を磨こう』萩本欽一著　集英社新書／『商売心得帖／経営心得帖』松下幸之助著　ＰＨＰビジネス新書／『バカボンのパパよりバカなパパ　赤塚不二夫とレレレな家族』赤塚りえ子著　徳間書店／『笑福亭鶴瓶論』戸部田誠著　新潮新書／『外国人を笑わせろ！（第3版）』宮原盛也著　データハウス／『家元を笑わせろ』立川談志著　ＤＨＣ／『残酷すぎる成功法則』エリック・バーカー著・橘玲監訳・竹中てる美翻訳　飛鳥新社／『林家木久扇　バカの天才まくら集』林家木久扇著　竹書房文庫／『20代で知っておくべき「歴史の使い方」を教えよう。』千田琢哉著　学研プラス

著者紹介
西沢泰生（にしざわ・やすお）
1962年、神奈川県生まれ。趣味はクイズ。「アタック25」「クイズタイムショック」などのクイズ番組に出演し優勝。『第10回アメリカ横断ウルトラクイズ』では準優勝を果たす。約20年間、社内報の編集を担当。日々、書籍やテレビから知識、雑学を得続けた結果、様々なエピソードや名言に精通することになる。
主な著書に、『壁を越えられないときに教えてくれる一流の人のすごい考え方』（アスコム）、『夜、眠る前に読むと心が「ほっ」とする50の物語』など、「50の物語」シリーズ（王様文庫）、『大切なことに気づかせてくれる33の物語と90の名言』（PHP文庫）などがある。メール：yasuonnishi@yahoo.co.jp

本書は、書き下ろし作品です。

ＰＨＰ文庫　コーヒーと楽しむ　心が「ホッと」温まる50の物語

2018年10月15日　第１版第１刷
2023年６月29日　第１版第11刷

著　者　西　沢　泰　生
発行者　永　田　貴　之
発行所　株式会社ＰＨＰ研究所
東京本部　〒135-8137　江東区豊洲5-6-52
ビジネス・教養出版部　☎03-3520-9617（編集）
普及部　☎03-3520-9630（販売）
京都本部　〒601-8411　京都市南区西九条北ノ内町11
PHP INTERFACE　https://www.php.co.jp/
組　版　株式会社PHPエディターズ・グループ
印刷所
製本所　大日本印刷株式会社

ISBN978-4-569-76858-8

PHP文庫

大切なことに気づかせてくれる33の物語と90の名言

西沢泰生　著

読むだけで心の霧が晴れていく！　漫画の名シーンから偉人が残したエピソードまで、仕事と人生の指針にしたい心震える物語と名言が満載。